JOSH DOUGLAS

escuela de negocios

Cómo el efectivo dinamiza el sistema escolar

Tabla de contenido

Introducción 5
    Estudios de altos vuelos 11
    Preparaciones muy saludables 16
    la escuela del dinero 24

1 29
    Sobre la desigualdad de los establecimientos 29
    Resultados muy heterogéneos 32
    cabeza de trabajo 37
    ¿Las mejores escuelas tienen los mejores profesores? 41
    ¿Progresamos más en una buena escuela? 45
    Peso de los padres 52

2 58
    La ley de hierro de la dirección 58
    Las buenas escuelas encarecen los barrios 67
    ¿Guetos en Francia? 72
    El mapa y el territorio 82
    ¿Hacia una abolición del mapa escolar? 94

3 104
    Muletas de apoyo escolar 104
    "Un niño en dificultad es un niño ignorante... sus fortalezas" 108
    Coaching, servicio de alta gama 113
    El papel de los beneficios fiscales 117
    Derecho y Ciencias Po juega al escondite con el sector privado 121
    Internet: ¿ayuda o trampa? 126

4 133

El descubrimiento del mundo 133
Somos los tontos 137
Cursos y estancias lingüísticas en abundancia 144
Escuelas globalizadas y Erasmus al rescate 149
La gran (y costosa) partida 153
Una experiencia rentable 157

5 162
¡Después del bachillerato, TSF (todo menos la universidad)!
.... 162
¿Qué estudiantes para qué escuelas? 164
Un sentimiento de injusticia 171
La caída en picado del atractivo de la universidad 175
El "a pesar de nosotros": estudiantes por defecto y falsos
estudiantes 185
I ♥ Universidad de Versalles-Saint-Quentin-en-Yvelines ... 191

6 199
El gran salto adelante de las escuelas privadas 199
Desde el jardín de infancia 201
La demanda crea la oferta 210
Escuelas vocacionales 216
¿De dónde viene el dinero? 222
marca 230

7 236
El mercado global del conocimiento 236
La primera globalización 238
Educación, industria global 244
Zonas francas educativas 250
Asia conquistando Asia 255

8 261

matrícula altísimas 261
Queridas escuelas de negocios 266
La carrera por las estrellas 273
Estudios rentables 280
¿Qué pasa con los estudiantes extranjeros? 290
¿Profesionales de negocios? 294

9 301

¿Cómo financiar sus estudios? 301
Continuará la subida de precios 302
Como pagar ? 306
Toma prestado, pero entonces? 310
45% empleados estudiantes 314
Enriquece tu CV 316

Conclusión 321

escuela de la sombra 324
Como llegamos alla ? 326
¿Fatalitas? 329

Introducción

Empezó cuando Gaby me preguntó: "Y dental en España, ¿qué te parece? »

Fue una entrevista de orientación. Después del bachillerato, mis estudiantes de último año de ES (económico y social) suelen ir a Sciences Po o preparación comercial cuando son buenos, y a la escuela de derecho o negocios cuando son menos buenos. Se ven a sí mismos como ejecutivos, periodistas, abogados o empresarios. dentistas? Nunca.

Gaby planea tomar exámenes de ingreso a escuelas de negocios que reclutan directamente después del bachillerato. Es un estudiante bastante promedio. Conoce más a los delanteros centro del Real Madrid que a los premios Nobel de economía, pero es un moreno alto, enérgico, risueño, cómodo para hablar y con números. Parece capaz de leer un balance o negociar paso a paso para ganar un contrato comercial. Por lo tanto, su elección es creíble. Repasamos las escuelas en las que podría probar dado su nivel y cómo prepararse para las competiciones.

La entrevista está llegando a su fin, y aquí es donde se lanza: "Entonces, dental, ¿qué te parece? Me imagino que me veo un poco desconcertado.

— ¿Dental? ¿Quieres ser dentista?

— Realmente no he pensado en ello. Pero podría ser bueno.

Él mismo parece bastante dudoso. Retomo el hilo de lo que sé.

— Normalmente, tienes que pasar por un bac S y aprobar la competencia al final de los PACES, el primer año común a los estudios de salud. Eso me parece un poco fuera de tu viaje hasta ahora...

El asiente.

— Exactamente. Ir a España te permite convertirte en dentista sin tener que pasar toda la selección. Un amigo de mi padre me lo contó. Es dentista y dice que la formación en España es correcta.

y hablas español? Me pareció que estabas haciendo alemán?

Así que me explica el esquema. Dado que los diplomas son reconocidos en toda la Unión Europea y la selección es drástica en Francia, las pequeñas personas inteligentes sortean el obstáculo y se van a formarse a otros lugares de Europa. Esto se refiere a los estudios de medicina, dentista, fisioterapeuta, veterinario. En mi liceo predilecto, donde un tercio de los alumnos de las clases de ciencias optan por medicina, la treta se dio a conocer muy rápidamente entre el promedio de los estudiantes, inseguros de poder enfrentar la terrible selección del primer año en las facultades parisinas. Gaby no está segura si las lecciones son en francés, pero un amigo de su padre le explicó que era una oportunidad real. Así que pensó que tal vez...

En retrospectiva, parece obvio. Como profesor de economía, la voladura de los estándares nacionales por parte de Europa no me sorprende. En medicina, el numerus clausus, cuya lógica se deriva menos de una planificación académica que de una voluntad de salvaguardar las pensiones reduciendo los gastos sanitarios, crea auténticos desiertos médicos en determinadas regiones y carencias en determinadas especialidades como la oftalmología; hay mucho espacio en el mercado para graduados con formación internacional. Si las comunidades de los municipios de Drôme o Cévennes se organizan para traer un médico rumano, ¿por qué no llamar a un médico francés formado en Rumanía? No hay evidencia de que la formación en el extranjero sea peor. Es cierto que los estudiantes formados en Francia dominan el cálculo diferencial, sésamo para aprobar en segundo año. Pero eso no los hace mejores médicos.

Después de unos pocos clics en la Web, las cosas se vuelven más claras.

Rumanía ofrece acoger a estudiantes por aproximadamente 5.000 euros al año, a los que hay que sumar un mínimo de 5.000 euros de alojamiento y comida. Las clases se imparten en francés durante los tres primeros años. "Entonces es necesario hablar rumano, en particular para comunicarse con los pacientes", especifica medecineroumanie.org.

Más caro: un estudiante que está a punto de formarse allí en odontología me dice que España tiene la mejor nota. Las universidades privadas, que imparten cursos de francés, forman médicos, dentistas o veterinarios. Ella y sus padres tienen previsto un presupuesto de 30.000 euros al año: 16.000 euros para la matrícula escolar y 14.000 euros para la administración. A más de cinco años, se trata pues de un plan de gasto de 150.000 euros, una cifra que te marea. "Sin embargo, vale la pena el esfuerzo", dice con autenticidad. El costo de las inserciones no va a bajar.

Cinco o una década antes, los exiliados eran estudiantes que habían bombardeado la prueba dos veces, pero que estaban listos para convertirse en profesionales. En la actualidad, los bachilleres se marchan sin probar suerte en Francia, ya que es menos angustioso.

Claramente, esta evasión salvaje de la determinación coordinada por los colegios incita respuestas. En principio, después de haber avanzado en las investigaciones en el extranjero, es posible terminar las evaluaciones de contratación pública en Francia, una evaluación que ha suplantado el concurso de la escuela interna. Sin embargo, bajo la tensión de la Junta de la Solicitud y los especialistas que aparecen en el equipo, la autoridad pública debe impedir que los estudiantes que han fracasado dos veces en Francia continúen con su formación allí después de viajar al extranjero.1.

Como no es difícil pasar cinco u ocho años de destierro, se está convirtiendo en una propuesta menos pretenciosa. The Free Place for Worldwide Advanced Education (CLESI) ofrece a los estudiantes (por 6500 euros a 9500 euros cada año, sin diferencias en ambos sentidos), en todas las áreas clínicas y paramédicas, dos años de preparación en Francia, luego, en ese momento, los envía a Portugal para terminar su curso y obtener un reconocimiento. "El CLESI no otorga ningún certificado en Francia. Prepara a los estudiantes para obtener un reconocimiento europeo y específicamente en el Colegio Fernando Pessoa de Oporto con el que el CLESI ha concertado un acuerdo de conexión académica" , especifica su sitio. Un detalle importante: al no expedir diploma, el Centro no necesita acreditación. Una modificación tardía de la ley de agosto de 2013 pretende evitar esta elusión obligando a estos centros a celebrar un acuerdo con una universidad francesa; en marzo de 2015, aún se esperaba el decreto de implementación.

Por lo tanto, la voladura del numerus clausus parece estar en el camino correcto.

Estudios de alto vuelo

Informado por este episodio, me muestro más atento a la información que emana de mis alumnos y descubro que el sector médico no es el único afectado por estas estrategias de elusión. Un segundo estudiante bastante mediocre me explicó un día que después de una serie de ES se convertiría en piloto de línea aérea. Ya está tomando lecciones de vuelo. Como le señalo que se trata de estudios difíciles, reservados a los científicos, responde con seguridad que pasará por una escuela privada. Así aprendo un poco más sobre este oficio que hace soñar a muchos adolescentes. En Francia, la formación de pilotos la proporciona una escuela pública de alto nivel, ENAC (Escuela Nacional de Aviación Civil). Seleccionados después de un sup de matemáticas – clase preparatoria para las Grandes Escuelas especializadas en ciencias, reclutando graduados en ciencias de alto nivel –, menos del 2% de los candidatos son seleccionados para un curso de capacitación de dieciocho meses. Las tasas de matrícula ascienden a 610 euros al año. Entiendo que mi alumno, cuyo nivel no le permite ni siquiera pasar a primero de ciencias, tiene buscó una alternativa.

Esto existe en Canadá o Bélgica. Un licenciado con un nivel correcto en matemáticas y física sin ser necesariamente un científico puede ingresar a una escuela privada como la Escuela de Vuelo Belga y obtener su certificación. La parte más difícil es pagar las tasas de inscripción. "Volar es caro", dice el sitio web de la escuela. Cierto es que las facultades de odontología españolas lo hacen mal en comparación: el programa de veintiún meses, seguido en Bélgica y Florida, le cuesta al aprendiz de piloto (y, sobre todo, a su familia) la módica suma de... 82.900 €. Agregue algunos costos diversos, incluida una tarjeta de acceso al aeropuerto que cuesta 65 euros (!) y el costo total de la capacitación alcanza casi los 90,000 euros. El diploma está reconocido en toda Europa, pero no se garantiza el empleo al final de la formación;

Resumamos. Remuneradas y con una imagen muy positiva entre los jóvenes, ciertas profesiones son arrasadas. Veterinario, médico, piloto son sueños de infancia que se han convertido en vocaciones. Para evitar, por ejemplo, que los veterinarios tengan para solo pacientes dos caniches y un canario al día, el acceso a estas profesiones está bloqueado por concursos cada vez más difíciles. Podemos cuestionar los métodos de selección, que son necesariamente arbitrarios. Alemania, en un momento, incluso reclutó estudiantes de medicina por sorteo, lo que tuvo el mérito de poner a todos en igualdad de condiciones.

Excepto que ahora se puede comprar el acceso a estas profesiones; caro y a escondidas.

Desde el punto de vista de la moral pública, esto es vergonzoso. Para un sistema basado en la meritocracia, esta desviación es un desastre. Pero, mientras el número de personas y profesiones en cuestión siga siendo limitado, mientras no sea ampliamente conocido, el sistema puede sobrevivir allí y continuar como antes, miles de estudiantes jugando el juego de la selección.

Para probar este pensamiento, me di la bienvenida a Muriel, cuya pequeña Chloé está en su año más memorable de medicación en Paris-V-Descartes. La familia adinerada vive en una región de clase media de la capital. Recuerdo que por debajo del promedio en la escuela secundaria privada Holy Person Jean de Passy, Chloé retrató como "caillera de Janson" a las alumnas de la renombrada escuela secundaria contigua Janson de Sailly. Sin embargo, ella creció. Tiene la cabeza sobre los hombros y sus padres no permitirían que dejara de recordar el valor del dinero en efectivo. Ella se entromete en su tarde diligente para tomar el té con nosotros. Le pregunto si ella sabe acerca de la posibilidad de concentrarse en Rumania o España.

— Claro. En general, nos damos cuenta de las personas intrigadas por esto. En cualquier caso, hola, ¿qué van a hacer ahora mismo? ¿Podrían en algún momento convertirse en suplentes, jefes de instalaciones? ¿Podrían en algún momento ser reconocidos como especialistas? De todos modos, en Descartes, todo el mundo se da cuenta de que la oposición es más problemática que en otra parte. Si la gente decide venir allí, es para tener un buen nivel y tener la opción de elegir su especialidad hacia el final del quinto año. Si no, deberías ir a Amiens y duplicar tus probabilidades de llegar a la cima.

¿Pero no te sorprende que podamos eludir la selección si tenemos padres que pueden dejar 10.000 euros al año para Rumanía o incluso más para España?

Es un poco vergonzoso. Pero no es como si fuera gratis en Francia, responde ojo por ojo.

Qué ? ¿Los estudios de medicina ya no son gratuitos?

No, ya no están .

Preparaciones muy saludables

Con calma, metódicamente, Chloe me habla del dinero. Y descubro que discretamente se ha creado un nuevo mercado. En teoría, es muy posible seguir cursos universitarios, repasar, pasar las competencias, tener éxito sin gastar nada. Pero, en promedio, solo el 10% de los estudiantes pasan su segundo año en París, Marsella o Montpellier. Las posibilidades de quienes compran cursos adicionales de organizaciones privadas como Médisup, Supsanté o Excosup aumentan seriamente. Médisup tiene así una tasa de éxito de casi el 50% en las distintas universidades.

Estas preparaciones se venden como un kit: puedes seguir o no un curso de pre-ingreso, elegir las materias en las que sientas que necesitas ayuda, realizar simulacros de concurso, optar por cursos de repaso, etc. En total, una preparación relativamente completa cuesta alrededor de 5.000 euros, mismo precio que la formación en Rumanía. Sin embargo, este gasto solo cubre el primer año… que suele durar dos años, ya que dos tercios de los recibos son repetidores en muchas universidades. También podría contar 10.000 euros.

Un nuevo nicho se ha abierto recientemente. Algunas preparaciones privadas ofrecen un "año cero" entre el bachillerato y el primer año de medicina, por un importe que ronda los 8.000 euros. Esto es de particular interés para los estudiantes que no han aprobado una licenciatura en ciencias y esperan ponerse al día en ciencias de esta manera. También ofrecen cursos y pasantías en la clase del último año. Nada está planeado en segundos para los futuros médicos, pero es solo cuestión de tiempo.

Tres de cada cuatro estudiantes ahora siguen un curso de preparación, un "estable" como se dice en Marsella, además de los cursos universitarios. Los sujetos brillantes que trazan su rumbo sin recurrir a lo privado son la excepción. Siendo la lógica de la competencia obtener mejores resultados que los demás, todos temen estar menos preparados si lo hacen sin preparación. Un curso de pre-ingreso, por ejemplo, identifica los temas principales que se cubrirán en el primer semestre y ya está comenzando a prepararse para la competencia. Así, el tema más exigente, la física, presupone dominar el cálculo diferencial. Sin embargo, esta técnica matemática ya no aparece en el currículo de secundaria. Aquellos a quienes se les presenta durante el curso de pre-ingreso obviamente tienen una ventaja. Llegan más confiados, mejor preparados, menos agobiados por el ritmo de las primeras semanas. Además, me explica Chloé, durante la pasantía se hicieron amistades, se formaron grupos de trabajo. Los que no han seguido uno tienen la sensación de estar fuera del juego.

En Descartes, Chloé conoce a la hija de un taxista que cursa la escuela preparatoria para cumplir el sueño de su padre de tener una hija médico. Se dio cuenta de que su padre llegaba más tarde del trabajo ya que ella estaba en la universidad. Entonces, cuando los dos estudiantes se cansan de recitar sus lecciones de anatomía y comienzan a mezclar la articulación facetaria del peroné y la muesca de la tibia del peroné, ella es la que insiste en trabajar un poco más.

— Es una locura seleccionar entre conceptos que los estudiantes apenas descubren, señalo. Si entiendo bien, el sistema preparatorio se nutre de las debilidades de la universidad.

— No sabes cuánta razón tienes. La universidad es una tontería. Los anfiteatros están tan llenos que están montando un segundo, con proyección de vídeo del recorrido. En Bichat, hay incluso tres. De repente, hay ruido, gente riéndose, repetidores que a propósito interrumpen la lección que ya han tomado notas. ¿Estás impactado? Pero hay algo peor: repetidores que te dan información falsa a principio de año, por ejemplo. De todos modos, las lecciones son incomprensibles si no las has trabajado antes.

— Pero puede hacer preguntas en los tutoriales, si no ha entendido.

No?

Ella se encoge de hombros. Solo hay seis horas de tutorías por semana en el primer semestre y una hora y media de tutorías cada dos semanas en el segundo semestre. Además, las clases universitarias cesan un mes antes de la competición. Nos gustaría abrir un espacio privado que de otro modo no haríamos. El sector privado se nutre de las carencias de la educación pública y no duda en darlas a conocer.

No sin sadismo, Excosup especifica en la página de inicio de su sitio:

En la facultad, las lecciones de PACES se organizan en forma de conferencias que tienen lugar en anfiteatros, que a veces están llenos y, a menudo, se transmiten por videoconferencia. Eso contrasta marcadamente con las clases pequeñas en las escuelas secundarias públicas y privadas. El alumno queda así solo a cargo de las notas del curso, su transcripción y su asimilación en un tiempo récord en condiciones diferentes a las de una clase de secundaria.

Reanudo:

— ¿Los preparativos están realmente mejor organizados?

— Claramente, responde Chloe. Están ubicados justo al lado de las universidades, para no perder el tiempo. Sus horarios se adaptan a los de la universidad. Nos dan hojas de curso muy claras y los referentes vienen a vernos todo el tiempo para preguntarnos si hemos entendido.

— ¿Puedes explicarme qué son las referencias? Ella se permite una sonrisa.

— Son estudiantes de segundo año que son pagados por Médisup y que nos ayudan. Están presentes antes y después de la clase, responden preguntas. No sé cómo los seleccionan, pero están todos bien vestidos, ropa de diseñador, buena presentación... Tal vez el dinero que ganan siendo referentes.

— Paga ? Ella asiente.

— Parece que lo mejor son las matriculaciones de julio. Se les paga para publicitar la preparación y reclutar estudiantes. Pueden hacer 2.000 euros en un mes. Después, son más como 400 euros al mes. En cualquier caso, todos aplican apenas se conocen los resultados del primer año y los alumnos de preparatoria solo tienen que hacer su elección.

También aprendo que los profesores preparatorios pueden ser profesores de CPGE (clase preparatoria para las Grandes Ecoles), pero también profesores de la facultad de medicina. Chloé no parece ver el problema ético que plantea tal situación, el profesor puede tener información no pública sobre los cursos o las materias. El sitio de Médisup no puede ser más claro: los profesores "conocen los requisitos de cada profesor de la facultad". "Médisup Sciences sabe cómo apoyar y, a menudo, incluso anticipar cambios en los programas. Prefiero no insistir en ello.

Otro negocio lucrativo involucra exámenes. Como consecuencia de la centralización al estilo francés, la igualdad de trato de los candidatos implica exámenes idénticos realizados por todos los candidatos en el mismo lugar. Por lo tanto, las competiciones presentan un verdadero dolor de cabeza logístico. Suelen tener lugar en grandes salas apartadas, cuyo ejemplo más exitoso es el centro de exposiciones de Villepinte, al norte de París, que a veces alberga a más de cinco mil candidatos. Destinado a ferias, es un gran hangar, en el que los alumnos toman conciencia del número de los que quieren pasar el mismo concurso que ellos.

Villepinte es accesible por RER B, conocido por su poca fiabilidad. Temblando, Chloe me cuenta la horrible historia de una estudiante sin aliento que llega corriendo con la maleta en la mano y choca con un asistente inflexible que le prohíbe componer. Por dos minutos de retraso, tendrá que volver en un año. De hecho, los candidatos estresados generalmente prefieren quedarse en el sitio. Tan pronto como se anuncian las fechas de la competencia, los hoteles son tomados por asalto. Los mejor colocados a veces se llenan en un día.

Durante los exámenes como durante las ferias, los precios se duplican, triplican o incluso se multiplican por diez, según la Asociación de Estudiantes de Medicina, que organizó una prueba por teléfono. Las habitaciones cuestan entonces unos 400 euros por tres noches, es decir, un presupuesto de unos 1.000 euros para las dos convocatorias de diciembre y mayo.

La escuela del dinero

Entre la medicina y los pilotos de líneas aéreas, estoy dividido. Los estudios de medicina son largos y difíciles y la medicina es en gran medida un servicio público. ¿Cómo podemos aceptar la discriminación por dinero? No hace falta ser un húsar negro de la República para indignarse ante esta grave alteración de nuestro sistema educativo. Queda por ver si se trata de una situación excepcional, ligada a la popularidad de algunas profesiones, o el signo de un desarrollo más general. Quería liderar la investigación y me parecía que no estaba en la peor posición para eso.

En 2012, un colega y amigo me dijo que dejaba su puesto en una muy buena escuela secundaria, ubicada en uno de los barrios más chic de París. Queriendo un cambio, acepté su trabajo (las cosas, por supuesto, no son tan simples, pero es posible que no quieras saberlo). Así que aquí estoy en la escuela secundaria François Quesnay [2], en un edificio catalogado, que parece un castillo. Una escalera de caracol, cubierta con una gruesa alfombra, conduce a la oficina del director con puertas dobles acolchadas dignas de un ministerio. Los miembros del gobierno no dudaron en intervenir para que un protegido fuera admitido en el establecimiento. Por una divertida mímica social, muchos maestros visten traje y corbata. Por primera vez en mi carrera, algunos colegas me están usando como tú. Sin embargo, los profesores de las clases preparatorias a veces se mezclan con los

"soldados de a pie" de la escuela secundaria y la universidad, en un ecumenismo democrático que no es el hecho de todas las grandes escuelas secundarias.

A primera vista, los estudiantes están allí como en cualquier otro lugar, excepto que todos dicen

" hola " y "adiós" y mira directamente desde una Apple Store. Algunos tienen una dirección de correo electrónico que termina en monnomdefamille.fr. Un colega me informa amablemente que el padre de tal trabaja en el gabinete de un ministro y que otro tal dirige un canal de televisión. Con los meses, descubro alumnos que toman clases particulares en la primera mala nota, tienen entrenadores, preparan Ciencias Po los sábados en colegios privados o siguen cursos de matemáticas durante las vacaciones cortas. Después del bachillerato, continúan con una escuela de negocios o ingeniería, en preparación, pero también en universidades canadienses o inglesas. Todo esto tiene un costo.

Este liceo es, por tanto, el lugar ideal para observar las mil y una formas en que el dinero puede dinamizar o enderezar una carrera escolar. Hablar con mis alumnos y sus padres me abre muchas vías. El dinero está en casi todas partes. Cada vez que hablo de eso a mi alrededor, familiares, amigos, colegas tienen historias que contar, cosas que agregar. Pero estas rupturas de la igualdad republicana quedan atribuidas al tropismo de tal o cual área, quedando libre el principio general. En realidad, una vez completada la tabla, es la imagen de un sistema profundamente corrupto, en el que el dinero marca la diferencia, lo que emerge. La crisis financiera de 2008 reveló la evolución de la relación con el dinero en nuestro público en general y dinamizó la "batalla por los lugares3". Habría sido asombroso suponer que la escuela se hubiera salvado. Es impresionante la forma en que cambió ella. Del mismo modo que las finanzas en la sombra, utilizadas por personas acomodadas, pasan desapercibidas para las organizaciones administrativas y actualmente manejan más efectivo que los bancos convencionales, un archipiélago de fundaciones privadas estructura lo que se podría llamar la "escuela en la sombra".

Este libro muestra todo el impacto del efectivo en el camino tirado con trampas que lleva del soporte al trabajo. Dará numerosos planes a todos los tutores de estudiantes que no tienen idea de cómo administrar su chequera y muchas explicaciones detrás de la ira de otras personas. Por lo que vi a mi alrededor, se concibieron preguntas aparentemente básicas: ¿Cómo llegarías al Lycée Quesnay? ¿Por qué razón realmente incluso los frágiles estudiantes de Quesnay obtienen el bachillerato? ¿Por qué razón mis suplentes son buenos en los dialectos? ¿Por qué prevalecen en la educación superior, en todo caso, cuando sus establecimientos son delicados? ¿Por qué se niegan tenazmente a ir a la universidad?, etc. Preguntas tan innumerables que intento responder sin restricciones, exponiendo las complejidades de un sistema escolar degradado.

Notas introductorias

1. Sin embargo, un primer decreto en este sentido, publicado en 2011, fue impugnado por el Consejo de Estado en una decisión del 23 de enero de 2013, a raíz de una denuncia de los estudiantes de Cluj (Rumanía).

2. Querer usar un nombre ficticio, el de un gran economista, cuyo nombre no lleva ninguna escuela secundaria en Francia, me pareció apropiado.

3. Michael L.USSAULT, De la lucha de clases a la lucha por los lugares, Grasset, coll. "Mundos vividos", París, 2009.

1

Sobre la desigualdad de los establecimientos

un niño de CSP+ tiene en promedio el doble de compañeros de CSP+ en su clase que un niño que no viene de padres de CSP+ [1].»

L tiene primero yo desigualdad relacionada e en el ar la gente eres la i negativa calidad de los edificios escolares a los que puede acceder un niño. Ella no va sola. Después de todo, Francia es un país centralizado. La autoridad del Estado impone la contratación de docentes a escala nacional, lo cual existe en pocos países. Los horarios de los alumnos y la distribución de las disciplinas también son nacionales, desde primaria hasta bachillerato. Los programas están armonizados. Visto desde lejos (desde la rue de Grenelle, por ejemplo), el paisaje de la escuela se asemeja a un ejército gigantesco, uniforme, marchando al unísono. Ciertamente es posible que algunas escuelas sean mejores que otras, debido a la población que acogen, pero la educación impartida y las posibilidades de éxito de un alumno con un determinado nivel inicial deberían ser las mismas en todas partes.

No es tan. El abismo entre los establecimientos se

ensancha un poco más cada día. En busca de los contrastes más pequeños, un número creciente de tutores de estudiantes están muy al tanto de estas diferencias de calidad. También les ayuda el posicionamiento de las escuelas secundarias distribuidas cada año por el servicio en Spring, que Le Figaro descifra de manera razonable al presentar un artículo: "¿Dónde debes residir para triunfar en la escuela ? 2 ? »

Sea como fuere, las cosas están sorprendentemente confundidas. Los cimientos no son homogéneos ni varios nivelados de manera inapelable, desde la escuela secundaria de los ricos hasta la escuela secundaria de los pobres. Así, en septiembre de 2013, una de mis clases adquirió un pésimo educador de estudiantes. Durante todo el tiempo que toma antidepresivos, compensa su falta de poder con notas que, por muy altas que sean, son incongruentes y en realidad no educan. Uno puede reflexionar sobre el sistema de inscripción que provoca este tipo de variación, pero es una realidad. La respuesta de los guardianes de los suplentes es intrigante. Obviamente, están escandalizados de que sus hijos sean compartidos con manos sin talento, pero sobre todo eso es posible en Quesnay. Algunos van más allá y consideran que el emprendimiento de terrenos que han realizado para que sus hijos vayan a esta escuela debe resguardarlos de este tipo de riesgos. No es el caso. Si no se arriesga la decisión del director de una escuela secundaria como Quesnay, los educadores se ven afectados por la gran rueda de organización de los discapacitados visuales. Una escuela secundaria decente no es inmune a los errores de proyección.

Además, ¿qué es una escuela secundaria digna? El reflejo primario es decidir sobre los resultados. Según esta vara de medir, la escuela secundaria de Quesnay es impresionante. No obstante, aquí hay algunos comentarios negativos extraídos de los foros de Internet: "Francamente, una escuela secundaria muy mala, que debe evitarse. Extremadamente elitista, sin apoyo estudiantil. Si no te gustan las matemáticas, sigue adelante"; "A pesar de los resultados del bachillerato... Un ambiente feo. Un elitismo frenético". Entonces, ¿qué deberías creer?

Resultados muy heterogéneos

La tasa de éxito de la patente universitaria varía del 36% al 100% en París. A nivel nacional, las cincuenta mejores universidades tienen más del 93% de graduados con honores. Por el contrario, los cincuenta peores, menos del 37%. Y no funciona. Los estudios del Ministerio de Educación Nacional reportan un aumento en las brechas de nivel entre facultades entre 1993 y 2001, luego entre 2003 y 2009 [3]. Es probable que la tendencia se haya acentuado ya que, como muestran las encuestas PISA [4] concerniente únicamente al nivel de matemáticas.

Todos los países tienen universidades buenas y malas. Pero Francia se destaca con diferencias particularmente altas. Los estudios europeos sobre el nivel de lectura en los colegios muestran que casi el 60 % de las diferencias de nivel entre los alumnos están relacionadas con las diferencias de nivel entre los establecimientos en Francia, en comparación con el 10 % al 15 % en los países escandinavos. [5]. En otras palabras, la heterogeneidad es mucho más fuerte en Francia. La situación es más o menos comparable en Alemania, pero este país tiene tres tipos de establecimientos y ni una sola universidad. La misma observación se hace en todos los niveles del sistema educativo y culmina con las clases preparatorias, increíblemente concentradas, ya que las escuelas secundarias del distrito 5 de París (2,5 km2) ¡producen más normaliens que el resto del país! Entre las mejores prépas de Francia -cuyos alumnos acceden a las mejores escuelas- solo el 25% se encuentra en provincias para las prépas

comerciales , 30% para científicos y 45% para literarios.

Es más difícil resaltar las desigualdades entre las escuelas secundarias. Las listas de premios, de las que hacen un gran uso los medios de comunicación, están dando resultados poco espectaculares por el momento, porque menos de un instituto de cada veinticinco tiene una tasa de éxito inferior al 80%. Evidentemente, la situación cambiará cuando la prensa publique listas de premios en función de la proporción de menciones o la integración en clases preparatorias, por ejemplo… que no tardará en llegar. Tal desarrollo reforzaría las críticas de los ganadores, acusados de enviar a gritos un mensaje de desigualdad a los padres de los alumnos: "Los institutos son de un nivel muy variable. Haz tu mercado. Un mensaje que no puede sino acentuar el consumismo escolar.

El problema es que estos resultados miden más las diferencias de calidad de los estudiantes que de las escuelas. Durante mi primer año en Quesnay, cuando aún no conocía a los alumnos, les presenté un pequeño texto sobre el significado social del consumo a los segundos. Un chico intervino y se lanzó a grandes desarrollos sobre el pensamiento de Jean Baudrillard, quien al parecer no tenía ningún secreto para él. Le respondí, pero tuve que terminar rápidamente nuestro intercambio, porque el resto de la clase estaba completamente abrumado. No hay duda de que este brillante estudiante obtendrá una mención de "muy bueno", o incluso un premio en la competencia general. Pero ¿se lo debe a Quesnay, a mi magisterio oa una cultura personal y familiar excepcional?

Para medir el desempeño de las escuelas secundarias, más que su composición social, el ministerio calcula un "valor agregado" de cada establecimiento, comparando sus resultados con los resultados promedio correspondientes a la composición social de su población. Este indicador muestra que a algunas escuelas secundarias les está yendo mucho mejor de lo que sugeriría su ubicación o población. Así, el 85% de los alumnos del liceo Montesquieu de Burdeos aprueban el bachillerato, mientras que serían el 93% si el índice de éxito del establecimiento correspondiera a lo que da por término medio su composición socioprofesional. En cambio, se recibe al 96% de los candidatos del liceo Anatole de Monzie, de Bazas, ocho puntos más de lo esperado para este plantel.

Si los padres de los alumnos aprovecharan esta información, podrían dar una oportunidad a las escuelas secundarias de alto rendimiento en relación con la población que acogen. Pero hacen muy poco. La mayoría de los padres no hacen preguntas, los demás se basan principalmente en contactos personales y reputaciones, que no siempre están vinculadas a los resultados. Estos efectos de reputación funcionan en ambos sentidos. Así, los estudiantes universitarios de entornos desfavorecidos de Montfermeil, en Seine-Saint-Denis, tienen mucho miedo de ir al Lycée du Raincy, considerado exigente, y tratan de evitarlo.

Las universidades también tienen diferentes audiencias y niveles según el lugar donde se encuentren. Pero este contraste sólo es evidente en ciudades muy grandes, que cuentan con varias universidades y dan prioridad al alumno en la academia en la que está matriculado en el último año. Entre los nuevos bachilleres que llegan a Paris-II-Panthéon-Assas (academia de París), el 5% tiene bachillerato tecnológico y el 1% bachillerato profesional; El 24% tiene un retraso escolar. En París-XIII-Villetaneuse (academia de Créteil), el 42% tiene bachillerato tecnológico, el 18% bachillerato profesional y el 54% está atrasado. Solo una cuarta parte de los estudiantes van al segundo año después de su primer año de licencia, en esta universidad ubicada en la parte más desfavorecida de Île-de-France. Estos paupérrimos resultados (la media nacional es del 43%) se explican únicamente por el origen socioprofesional de los alumnos.

Por lo tanto, un buen establecimiento sería ante todo uno que tenga buenos estudiantes, incluso uno que tenga una buena reputación. Después de pasar ocho años en la escuela secundaria

" difícil ", clasificado en ZEP (zona de educación prioritaria), zona sensible y zona de prevención de violencia (¡la triple corona!), trabajo hoy en el colegio público más favorecido de la región. ¿Qué diferencia a estos dos mundos?

jefe de trabajo

La buena reputación de un establecimiento suele estar ligada a su antigüedad. Sin embargo, los colegios y escuelas secundarias se construyeron primero en los barrios burgueses de las ciudades, barrios obreros y áreas rurales, apenas enviando niños a estos establecimientos hasta la década de 1960. Estos buenos establecimientos, por lo tanto, se ubican "naturalmente" en barrios agradables.

Desde mi ingreso a la Educación Nacional, hace más de treinta años, he visto muchas "nuevas escuelas secundarias", construidas en los límites de la zona urbanizada. A menudo son antiguos establecimientos técnicos reconvertidos, que su arquitectura traiciona: en general, un conjunto de cubos con un esqueleto aparente, colocados sobre una superficie de hormigón iluminada con árboles larguiruchos. Conscientes de la tristeza del edificio y de su total falta de identidad, los arquitectos o administradores a veces lo pintan con colores chillones o enyesan un fresco en su fachada.

Por el contrario, la escuela secundaria del centro de la ciudad a menudo se construye con piedra de sillería y ladrillo. Sus altas celosías y la majestuosidad de su pórtico le confieren cierto encanto. Se organiza en torno a un patio central plantado de castaños o plátanos. Incluso a veces hay un monumento a los muertos, testigo de generaciones pasadas en sus pasillos, o incluso una capilla que recuerda un pasado glorioso. Si bien estos viejos establecimientos dejan pasar corrientes de aire y son terriblemente ruidosos, solo pueden inspirar en los estudiantes un respeto que difícilmente gana a las construcciones sin gracia de las últimas décadas.

Recordemos lo obvio: los buenos estudiantes son más numerosos en entornos privilegiados. Por supuesto, los estudiantes brillantes provienen de todos los ámbitos de la vida. El sociólogo Pierre Bourdieu es el mejor ejemplo. Si bien su obra muestra que la escuela favorece a los privilegiados, su historia personal ilustra, por el contrario, la capacidad de la escuela para distinguir a veces a los alumnos de escasos recursos. Hijo de campesinos bearneses, fue un excelente alumno y, como tal, ingresó en el liceo de Pau, donde realiza prácticas. Uno de sus maestros lo animó a postularse a la hypokhâgne de Louis-le-Grand, una prestigiosa escuela secundaria parisina. Admitido en la École Normale Supérieure de la rue d'Ulm, se convirtió en profesor asociado de filosofía y terminó su carrera como profesor en el Collège de France, el Everest de la escuela francesa.

Pero este ejemplo solo significa que las excepciones confirman la regla, que establece que la probabilidad de que un niño tenga éxito en la escuela está ligada a su origen social. De hecho, la tendencia está firmemente establecida. Por ejemplo, un estudiante cuyos padres están clasificados como ejecutivos y profesiones intelectuales superiores tiene quince veces más probabilidades de asistir a una clase preparatoria para las Grandes Ecoles que un hijo de trabajadores. [6] _ Todos los datos estadísticos lo confirman.

No obstante, no muchas investigaciones se centran explícitamente en el impacto de los salarios. Mirando con cautela, localicé un concentrado del INSEE (Fundación Pública de Mediciones y Exámenes Financieros) sobre retraso académico7. En consecuencia, nos dice que el 18% de los jóvenes están atrasados en la escuela a los dieciocho años cuando sus padres se agrupan entre el 20% de la población con mayores ingresos, aunque la mitad se encuentra entre el 20% con menos medios de vida. salario más mínimo. Al mismo nivel educativo de los guardianes, un salario de Grandes Ligas está relacionado con mejores posibilidades de éxito académico para los jóvenes.

Es de esperar. Por ejemplo, se ha demostrado que tener una habitación individual aumenta significativamente el rendimiento académico. Determinación: el número de habitantes en una zona acomodada tiene un nivel instructivo superior al normal.

¿Las mejores escuelas tienen los mejores profesores?

Cuando estaba trabajando en una escuela secundaria muy desfavorecida, sucedió varias veces que un estudiante, generalmente bien intencionado, me preguntó: "Señor, ¿no le parece injusto que las buenas escuelas tengan todos los mejores maestros? Después de agradecerle su apoyo moral, le expliqué que, contrariamente a lo que pudiera suponerse, los mejores maestros no necesariamente están en los establecimientos adecuados. Estos son los más solicitados, porque son los mejor ubicados y frecuentados, por lo tanto, los más tranquilos y cercanos a los barrios donde los maestros desean vivir. Sin entrar en los misterios de las asignaciones, cuya complejidad solo dominan unos pocos sindicalistas ultra perspicaces [8], las posibilidades de que un maestro sea designado para la escuela secundaria amigable del centro de la ciudad de su elección aumentan regularmente con su calificación, y por lo tanto con su antigüedad. Los recién llegados a la escuela secundaria François Quesnay a menudo muestran el alivio del náufrago que finalmente tocó tierra.

Este plus de antigüedad se debe a que la evaluación de los docentes raya en el chiste. Por un lado, se realizan inspecciones de muy corta duración, de cinco a diez veces en cuarenta años de carrera. En general, cada inspección da como resultado un aumento en la calificación. Aquellos que han tenido la oportunidad de ser inspeccionados a menudo son, por lo tanto, los mejor calificados. Por otro lado, el director formula una opinión anual sobre la puntualidad, la seriedad, la energía en el trabajo del profesor. Esta segunda estimación resultante de observaciones continuas sin duda podría ser más relevante. Pero las leyes que rigen el funcionamiento de la administración significan que la gran mayoría de los docentes, buenos o malos, alcanzan el 40/40 después de veinticinco años de carrera (obsérvese que se tarda mucho menos en Córcega,

Dado que un maestro bien calificado suele ser un maestro antiguo, los buenos establecimientos tienen en su mayoría maestros mayores. Ciertamente experimentados, tienden a ser conservadores en sus prácticas docentes, cuando no carecen de dinamismo e inversión. Los que empezaron mal probablemente empeoraron con la edad. En definitiva, no tienen por qué estar mejor que en establecimientos menos pijos. Por el contrario, los profesores innovadores, que luchan por interesar a sus alumnos, son más numerosos en establecimientos difíciles, porque para ellos es una cuestión de supervivencia. Si se contentan con reproducir, año tras año, una lección esencialmente, el aburrimiento de los alumnos se convierte rápidamente en un abucheo incontrolable. Si se equivocan en el ejercicio por falta de preparación y tardan cinco minutos en retomar la lección, se les escapa la clase, aumenta el ruido y es muy difícil recuperar la calma. La única solución para ellos será irse a un establecimiento más tranquilo. En última instancia, solo los buenos maestros pueden resistir en malos establecimientos.

Obviamente, la paradoja no debe llevarse demasiado lejos: los buenos estudiantes también motivan a los profesores a dar lo mejor de sí mismos, a través de su curiosidad y su rigor intelectual; y la falta de experiencia de los principiantes es obviamente una desventaja. Pero podemos concluir con seguridad que los maestros no son mejores en las buenas escuelas secundarias. La única ventaja real de los establecimientos de renombre es que los profesores que allí se designan vienen y que los reemplazos están más asegurados.

La reunión previa al ingreso en Lycée Quesnay es una reunión familiar. Contamos nuestras vacaciones y presentamos las pocas nuevas, que reemplazan a las que se han jubilado. En un establecimiento privado, es más deportivo. Los nuevos, que en ocasiones representan la mitad de la plantilla, no siempre están presentes. Algunos trabajan en dos instituciones y vendrán más tarde, otros posponen su pasantía o renuncian, algunos nombramientos aún no se han hecho. Es poco probable que se logre el objetivo de tener un maestro al frente de cada clase desde el primer día.

Este año, a la reanudación de enero, pánico en Quesnay: un profesor de matemáticas, responsable de dos clases de terminal, está de baja por enfermedad durante dos meses. Contra todo pronóstico, en tal caso, los servicios rectorales no tienen más soluciones para el Lycée Quesnay que para un colegio privado. Sin embargo, la dirección activa sus redes y, ayudado por el atractivo del establecimiento, la escuela acaba encontrando profesores experimentados que cada uno accede a dar unas horas, donde un establecimiento menos valorado se quedará desfavorecido o verá la llegada de un alumno que nunca ha enseñado.

¿Progresamos más en una buena escuela?

Los sociólogos de la educación han tratado de responder a esta pregunta comparando la evolución del rendimiento de alumnos con un nivel inicial equivalente, pero que estudian en clases con un nivel medio diferente. Veredicto: "Un chico de CE1, con un nivel inicial igual a 100, que ni el padre ni la madre sean de origen social desfavorecido, educado en una de las quince clases más desfavorecidas, tendrá nota de fin de curso en francés de 97,9 frente a una puntuación de 101,3 para un alumno comparable que asiste a una de las quince clases más favorecidas [9]. En otras palabras, los estudiantes progresan un poco más rápido en una clase buena que en una clase débil. Pero este efecto, de magnitud limitada, no se encuentra en todas las encuestas.

Por lo tanto, una familia puede tener interés en intentar que un niño de nivel medio ingrese en un establecimiento de buen nivel. Siempre que no se controle, generalmente progresará un poco más rápido allí. Un buen plantel también permitirá que un buen estudiante salga adelante, porque los profesores van más allá del programa, cuando no inician el del año siguiente en abril.

Además, las ambiciones de los estudiantes son mayores en las buenas escuelas. Todo el mundo está mirando hacia arriba. Así, una alumna de origen muy modesto, que llegó al Lycée Quesnay procedente de un colegio desfavorecido como parte de un proyecto limitado a unas pocas personas, se incorporó a una escuela preparatoria, lo que probablemente no habría hecho si hubiera ido a su barrio. escuela secundaria. Mientras dudaba sobre su orientación, recuerdo que sus compañeros insistían: "Con tu nivel, te tienes que ir. Del mismo modo, las entrevistas realizadas a estudiantes que ingresaron a Sciences Po Paris a través del programa "ZEP [10] » muestran que el primer interés de este camino paralelo es que les mostró que esta gran escuela « podía ser para ellos ». La universidad y la escuela secundaria son mucho menos selectivas que en En el pasado, la falta de ambición y la autocensura de los jóvenes de entornos desfavorecidos a menudo explican por qué les va peor en sus estudios, en el mismo nivel inicial, que los estudiantes de más antecedentes acomodados.

En muchas universidades desfavorecidas, los profesores y orientadores exaltan los méritos de las escuelas secundarias profesionales, insistiendo en enviar estudiantes de noveno grado de un nivel adecuado, tanto para evitar que estos establecimientos sean percibidos como cursos de relegación como porque temen el fracaso de sus estudiantes. en general segundo. Los jóvenes se dirigen así hacia la corriente vocacional que podrían seguir en la educación general y aspirar a un diploma superior. [11] _ A la autocensura de los alumnos se suma, pues, la de los profesores.

Otra ventaja, quizás más importante: en un buen establecimiento se vive positivamente la condición de buen estudiante. En los establecimientos menos favorecidos, el buen estudiante, frecuentemente llamado "bufón", es perseguido sin piedad. Considerado un traidor por el simple hecho de jugar el juego, es sobre todo la prueba viviente de que es posible triunfar en una universidad débil, lo que invalida los discursos de autojustificación de los demás estudiantes, que atribuyen su fracaso a " sistema" y a su injusticia (lo que no es falso), al exonerarse de toda responsabilidad personal (lo que no es necesariamente justo).

En general, a los estudiantes les va mejor en una buena institución. Pero probablemente esa no sea la razón más convincente que hace que los padres busquen buenas escuelas.

Sábado, 14 h Encuentro de profesores en el Lycée Henri IV, en París. Hace calor. Al pasar bajo los arcos del claustro, el sol ilumina una sala abierta que da al exterior. Sólo escuchamos el ligero choque de las piezas colocadas con mano segura en su casilla. Estamos en el club de ajedrez de secundaria y preparatoria. Ningún adulto supervisa a los alumnos, perfectamente concentrados en su tablero de ajedrez; un sueño de juventud estudiosa y pacífica. Lunes, 15 h Atravieso el patio del colegio Pompidou, uno de los más desfavorecidos de Île-de-France. Los estudiantes me llaman. Estaba trabajando en la escuela secundaria cercana en ese momento y saben que a veces juego baloncesto con los estudiantes. Pero, ese día, no tengo tiempo. Sugiero: "Tienes seis años. ¿No puedes jugar solo, tres contra tres? "No", responde uno de ellos. Después de cinco minutos, nos confundimos. Con ellos, señor, no se puede jugar en serio. »

El contraste es violento entre estas dos escenas. A los estudiantes de barrios sensibles les resulta más difícil regular su comportamiento, sus relaciones

interpersonales y mantener la concentración durante mucho tiempo. Estos barrios suelen estar plagados de cierta violencia, de la que es difícil proteger las escuelas. Sin embargo, los padres son tan sensibles a la atmósfera de los establecimientos como a su desempeño. Temen el crimen organizado, las pandillas, la violencia, las drogas.

Estos temores son bastante infundados. Las estadísticas publicadas por el Ministerio de Educación indican que en las universidades difíciles hay un poco más de violencia física y verbal que en otras, ya sea extorsión, juegos peligrosos, insultos; ya sea entre estudiantes o con adultos. Los jóvenes también se sienten un poco menos seguros allí. Por lo tanto, no confirman la impresión de dos mundos muy separados. Hay como mucho un 5% de establecimientos inmanejables, desbordados por problemas que vienen del exterior; establecimientos en los que a veces entran armas de fuego, donde estallan bombas incendiarias caseras, donde los problemas se resuelven con violencia física, donde el ausentismo es muy alto. Por el contrario,

Salvo estos casos extremos, las condiciones de vida en los establecimientos son bastante similares, sea cual sea su nivel. Las mejores familias tienen alumnos hiperactivos y otros que no pueden ir a clase sin antes beber una pinta de vodka o fumarse un porro bien empaquetado. El crimen organizado existe en las buenas universidades parisinas y ciertas clases en buenos establecimientos pueden resultar infernales. En todas partes, puede suceder que unos estudiantes sean perseguidos por otros. El abucheo puede convertirse en un ritual cuidadosamente orquestado. Sin embargo, los establecimientos privados tienen ciertas ventajas: tienen más personal de supervisión, más supervisión de los estudiantes después de clase y separan más fácilmente a los estudiantes que son problemáticos.

Las diferencias culturales también son innegables. Les mostré a los estudiantes, en educación cívica, un video corto [12] producido por la asociación Osez le féminisme! Para mostrar lo fuerte que es la presión de los chicos que llaman a las chicas en la calle, se invierten los papeles: las jóvenes ociosas, sentadas en la terraza de un café, multiplican los comentarios obscenos a los chicos que pasan por la acera y les silban. Por lo general, este video funciona muy bien: los alumnos discuten, disputan, a veces cuestionan su propio comportamiento y se avanza en la comprensión de la presión que sufren las niñas. En el Lycée Quesnay, el fracaso es total: los alumnos no reaccionan. No se sienten preocupados por prácticas que, de hecho, son ajenas a su entorno.

Los padres juegan un papel muy diferente en los diferentes establecimientos. En Quesnay, presionan mucho a sus hijos para que trabajen y respeten las reglas de la escuela. Participan mucho en reuniones, obtienen información, conocen a maestros, votan en elecciones. Una simple nota para los padres deslizada en el libro de correspondencia es un elemento disuasorio en la mayoría de los casos.

En cuanto a los muy buenos estudiantes, levantan a los demás. Muchos sienten una responsabilidad, organizan espontáneamente sesiones de repaso en las que ayudan a sus compañeros, prestan los apuntes tomados en clase a quienes luchan por mantenerse al día. A menudo han internalizado la idea de que todo lo que fortalece a la institución los fortalece a ellos mismos, pero su actitud es en gran parte desinteresada. Del mismo modo, los primeros vuelven con mucho gusto a la escuela para presentar su escuela a los alumnos, asesorarles en la constitución de los expedientes o la preparación de los concursos. Su papel es fundamental.

Si las diferencias entre establecimientos son innegables, sin duda son menores que la impresión que tienen los padres. Sin embargo, el estrés familiar los amplifica. El establecimiento se asimila al distrito en el que se encuentra, con independencia de la situación real, y los efectos reputacionales prevalecen sobre el resto. El intento de poner fin a esta fatalidad apuntando a los establecimientos que se supone que deben recibir más recursos acaba resultando contraproducente: la clasificación de un establecimiento como ZEP [13], bien percibida por los docentes que ven en ella la promesa de medios adicionales, actúa como un estigma y ahuyenta a los alumnos de las clases medias. Los agentes inmobiliarios desterran el término ZEP de su vocabulario y vi a un alcalde intervenir en la junta directiva, que apenas frecuentaba en otros lugares, para disuadir a los profesores de solicitar este estatus.

peso de los padres

La capacidad de movilización de los padres también puede marcar la diferencia. Cuando no se reemplaza a un docente ausente, una delegación de padres al rectorado obtiene mejores resultados que un director que a veces se reduce a colocar un pequeño anuncio en el supermercado. Pero los padres de los alumnos no son para nada iguales de un establecimiento a otro. Cuando trabajé en una ZEP, el establecimiento acogía a unos 550 alumnos. Algunos años, menos de veinte padres participaron en las elecciones... Una de cada dos clases no tenía delegados de padres, por falta de voluntarios. Por el contrario, en el liceo de Quesnay, los delegados de padres hacen balance con el director ante cada consejo de clase, piden citas para hablar de orientación, acuden en masa a las reuniones.

Todos los padres no tienen el mismo peso. A pesar de la dedicación de algunos activistas, la presión de los padres será casi nula en una escuela de barrio popular. La administración puede ignorarlo. En cambio, cuando el presidente de la asociación de ex alumnos es el ex alcalde de la ciudad y la libreta de direcciones de las asociaciones de padres está bien provista, es más fácil hacerse escuchar, como muestra la siguiente historia.

En un momento, la serie ES de la escuela secundaria, que se llamó B hasta 1995, tenía mala reputación. No cuadraba bien con la gran división entre ciencias y letras, tanto que los establecimientos de prestigio se negaban a crear clases de B. El poder de estos grandes institutos es tal que la inspección general no podía forzarlos allí. Incluso el director de los liceos, en lo más alto de la administración, que había reunido a los directores de los liceos parisinos, instándolos a abrir estas secciones, había logrado sólo un éxito modesto. Sin embargo, una reforma que cambió el nombre de B a ES y mejoró el contenido y la imagen de la serie, las principales escuelas secundarias de repente se interesaron en ella. En Versalles, el director de la mejor escuela secundaria de la ciudad pidió la apertura de una clase de ES. Pero, estando ya ampliamente dotadas las demás escuelas secundarias de la ciudad, el rectorado se opuso. Inmediatamente, se lanzó una petición. Firmado por el teniente de alcalde de la ciudad, varios parlamentarios, líderes empresariales y otros notables, pronto tuvo varios miles de firmas. El rectorado cedió. La escuela secundaria había ganado.

En consecuencia, no es de extrañar que la asignación de recursos beneficie a establecimientos ubicados en barrios de lujo, a pesar de la voluntad política declarada de "dar más a los que menos tienen". Los profesores universitarios Pierre-Brossolette, en Villeneuve-Saint-Georges, se indignaron en marzo de 2014:

En la ciudad más pobre de Val-de-Marne, aquí está la oferta educativa que se ofrece: una sola opción de lengua viva (LV) 1 (inglés), solo una de LV2 (español), y ofrecer una hora de iniciación del griego antiguo. en quinto grado, a tercero le roban una hora de latín. Se nos dice que es la crisis, que ya no hay medios. Para mostrar lo contrario, se hace el trabajo de contrastar nuestros medios y los de otra fundación del instituto y la división, el Collège du Parc, en Santo Maur. Para ciento cuarenta estudiantes adicionales, aquí está la propuesta instructiva: dos LV1, cuatro LV2, latín y griego antiguo, una clase de música con horarios adaptables, una clase de baile con horarios adaptables, un segmento europeo inglés, una sección europea italiana14.

Por último, hay que reconocer que los tutores de los alumnos tienen en general razón al tratar de seleccionar a sus hijos en colegios con buenos resultados y situados en una zona tranquila que, evidentemente, están situados en zonas donde el alojamiento es caro.

Capítulo 1 Notas

1. Sonido Thierry LY, Eric M.AURINy Arnaud R.IEGERT, "Diversidad social y educativa en Île-de-France: el papel de los establecimientos", Informe para el Consejo Regional de Île-de-France, 2014, p. 1.

2. Blandine LEVSAIN, "¿Dónde tienes que vivir para tener éxito en la escuela?" », Le Figaro, 1er julio 2014.

3. MINISTERIO DE EDUCACIÓN NACIONAL, "La evolución de las competencias generales de los estudiantes al término de la enseñanza media de 2003 a 2009", Nota, n° 10.22, diciembre de 2010.

4. Programa internacional para el seguimiento de los logros de los estudiantes, encuesta realizada entre estudiantes de quince años por la OCDE (Organización para la Cooperación y el Desarrollo Económicos) en una treintena de países, para comparar su nivel en matemáticas, ciencias y expresión; MINISTERIO DE EDUCACIÓN NACIONAL, "Estudiantes de 15 años en Francia según PISA 2012 en cultura matemática: descenso del rendimiento y aumento de las desigualdades con respecto a 2003", Nota informativa, n° 13.31, diciembre de 2013.

5. "La enseñanza de la lectura en Europa: contextos, políticas y prácticas", informe Eurydice, mayo de 2011.

6. "La formación en la enseñanza superior: el futuro después del bachillerato de los alumnos que ingresan en bachillerato en 1995", Note d'information, n. oh 12.05, Ministerio de Educación Nacional, Dirección de Evaluación de Proyecciones y Desempeño, junio 2012.

7. Fabrice M.URAT, "Retraso escolar según los antecedentes de los padres: la influencia de las habilidades de los padres", Economie et Statistique, n oh 424-425, INSEE, 2009.

8. A lo que la administración, abrumada por la sofisticación de sus propias reglas, se apoya para responder a las preguntas más complejas.

9. Mary DURU-BELLAT, "Segregación social en la escuela: hechos y efectos", Diversité, n o 139, CNDP, diciembre de 2004, p. 73-80,

10. En 2001, Sciences Po Paris decidió establecer una forma paralela de ingreso al primer año para los estudiantes que estudian en cien escuelas secundarias en ZEP asociadas, que evitan el examen competitivo. El 8% de los estudiantes de Sciences Po acceden por esta vía.

11. Si bien es posible cruzar los puentes que llevan del bachillerato profesional al éxito en la educación superior a largo plazo, sigue siendo más simple y

seguro para un estudiante que tiene la capacidad de continuar en la educación general.

12. Serie "Vida de niña", producida por Osez le féminisme!

13. En 2014, las ZEP se convirtieron en REP (red de educación prioritaria). Muchas etiquetas designan establecimientos llamados a recibir un poco más de recursos que los demás para compensar las desventajas vinculadas a su contratación.

2

La ley de hierro de la dirección

"Los procesos de segregación establecen distancias morales que hacen de la ciudad un mosaico de pequeños mundos que se tocan sin interpenetrarse [1]."

VS ¿cómo entramos en el liceo de Quesnay? Por vivir en el barrio. Como casi todas las escuelas secundarias, François Quesnay recluta a sus alumnos sobre la base del mapa escolar. Pero vivir en el barrio no está al alcance de todos. Mi amigo Max experimentó esto. Cuando su hijo se acercaba a la edad universitaria, su esposa le informó que debía evitar la universidad cercana a su casa. Ella sabía de fuente fidedigna (de sus vecinos, en este caso) que los estudiantes estaban siendo extorsionados y que los jóvenes circulaban por el establecimiento en motocicletas. Nada dramático, pero suficiente para preocupar a la madre de un niño de diez años. De hecho, hay un colegio católico privado, pero bastante lejos; y difícilmente seduce a esta familia judía. Alto ejecutivo de origen modesto, habiendo crecido en los suburbios y habiendo sobrevivido, Max dejaría que su hijo fuera a la universidad pública local. Pero no logra vencer las reticencias de su esposa. Queda la posibilidad de trasladarse para educar al niño en el colegio de Quesnay, contiguo al liceo. Después de muchas dudas, se adoptó esta solución. El sacrificio es importante: el alquiler elevado de un apartamento menos espacioso compromete cualquier posibilidad de ahorro para convertirse en propietario. Pero

el niño es admitido en la universidad de Quesnay.

Cuando no se tiene un salario de alto ejecutivo (o no se conoce personalmente a ningún ministro), la solución de Quesnay se elimina automáticamente. La elección de la escuela se vuelve entonces más complicada. Marianne es logopeda. La conozco desde la secundaria. Tuvo dos hijos con Jérôme, que es director de teatro y un gran manitas frente a lo eterno. La convenció de comprar una casa en mal estado ubicada en Montreuil, entre la estación de metro Croix de Chavaux y el parque Beaumonts. Marianne accedió a instalarse allí sólo con la condición de encontrar una solución para la escolarización de los niños, cuya organización constituye su segunda carrera. Por lo tanto, comenzó estudiando las escuelas de Montreuil. Habiendo concluido rápidamente que no eran adecuados, hizo un inventario de las alternativas, encontró una solución aceptable y, finalmente, dio su acuerdo. Una cena con ellos me enseña mucho sobre el tema.

El pabellón es clásico: yeso blanco, baldosas mecánicas. El muro del jardín que da a la calle está rematado con glicinias y rosas trepadoras bien cuidadas. Jerome, dueño relajado, me da la bienvenida en los escalones con un suéter irlandés y bermudas. Me muestra sus renovaciones, obviamente feliz de tener su casa. Aprecia la diversidad del vecindario. Como suele estar libre por la mañana, se encarga de las compras y conoce todas las tiendas de la zona. "Vas a comer verduras de Montreuil, sazonadas con especias de Montreuil", bromea. Y explica: "Montreuil es genial para eso. Pimienta de Camerún, curry de Madrás, cositas libanesas... Lo tienes todo aquí. »

Marianne parece compartir su satisfacción, que sin embargo modera :

— Todavía me molesta que Romain haga media hora de transporte todos los días. Está en el colegio Hélène Boucher, en el 20.

— Es un establecimiento bastante bueno, ¿no? ¿Vas a hacer lo mismo por Sarah?

Se miran, un poco avergonzados.

— Digamos que la cuestión no está resuelta, dice Jérôme riendo. Hélène Boucher es muy buena, pero ya no funcionará. Ya, para Romain, lo pasamos mal. Inicialmente solo quería presentar un certificado de alojamiento, ya que tenemos un amigo en la zona. Pero parece que todo el mundo hace eso y la escuela no quiere saber más sobre eso. Entonces, buscando en la Red, encontré la posibilidad de comprar un buzón, con reenvío de correo. Normalmente, se hace para profesionales pero, como Marianne es una profesión liberal, funcionó. Nos cuesta treinta euros al mes y no hubo problema. Una vez en su lugar, al año siguiente, la universidad no pidió nada más.

— El problema es que la Academia de París se ha vuelto muy estricta, explica Marianne. Hay establecimientos que piden tres comprobantes de residencia a nombre de los padres y Hélène Boucher pide el impuesto de vivienda. Y ahí, todos están atrapados.

Habrá muchos estudios revendidos en el sector, bromea Jérôme. Todas las personas que compraron solo para tener una dirección cerca de Hélène Boucher, sin mencionar el distrito 5. Se acabaron los anuncios de Studio cerca del Lycée Louis Le Grand". Además, si intentamos algo que no funciona, la situación se vuelve insostenible para Romain, que corre el riesgo de ser despedido.

Confirmo.

— Exacto. En mi liceo, el director citó a unos padres que estaban causando problemas y les dijo rotundamente que tenían una semana para retirar a su hijo del establecimiento o iba a presentar una denuncia por falsificación de documentos administrativos.

— Así que no se trata de correr este tipo de riesgo, agrega Marianne, quien parece muy contenta con mi intervención. La forma más fácil es poner a Sarah en una universidad cercana, lo cual está bien, pero Jerome no quiere.

Cuando se calienta, encuentro a la adolescente un poco torpe que una vez conocí. Se limpia las gafas y le devuelve un grueso mechón marrón.

— Quiere ponerla con los católicos, explica Jérôme, con una sonrisa.

" Cathos, tal vez, pero puedes tomar dos lenguas vivas desde sexto, hay salidas de teatro, viajes a Roma para los de tercero, el nivel es bueno y van varios amigos de Sarah. Además, la misa no es obligatoria, el coro tampoco.

— ¿Los colegios de Montreuil no son realmente posibles? Marianne pone los ojos en blanco.

— es un caos Dependemos del colegio Lenain de Tillemont. No era famoso y, desde la relajación del mapa escolar, todos huyen. Seiscientas plazas, trescientos estudiantes.

Jerónimo interviene.

— Es una historia tonta. El colegio tiene unas premisas bastante buenas y unos resultados muy correctos. Pero, como se encuentra al otro lado del parque Beaumonts, entre dos ciudades, tiene mala reputación. Además, se cataloga como "ambición exitosa" y los padres prefieren que el éxito sea una realidad más que una ambición. Una vez que tienes el cartel de "universidad problemática", los chicos que podrían subir el nivel se van, las clases cierran, los profesores se van. Queremos jugar el juego de la escuela de barrio, pero no solos.

Durante la cena, volví a poner el tema sobre la alfombra.

— Si entiendo bien, cuando viniste a establecerte aquí, ¿era la escuela el problema?

— El problema es siempre el mismo, explica Marianne. Las buenas escuelas de la zona son Vincennes o Saint-Mandé y el alojamiento es demasiado caro.

Aquí tenemos una cierta calidad de vida. Entonces, para tener ambos, hay que vivir aquí y mandar a los niños a estudiar a otro lado, concluye encogiéndose de hombros.

— Tiene razón, insiste Jérôme. El mapa escolar talla los territorios con más seguridad que el Tratado de Viena. Compara Montreuil y Vincennes. Los dos pueblos son vecinos, pero Vincennes es mucho más burgués y estoy seguro de que en parte es por las escuelas. Y no te hablo de París. Antes de mudarnos, cuando vivíamos en el 11, Marianne había ido a buscar la tarjeta del colegio. Una misma calle puede corresponder a tres sectores diferentes, por ejemplo. Es increíblemente complejo. Cuando compramos aquí, era posible pasar por alto la tarjeta escolar, pero se ha vuelto casi imposible.

— Todo el mundo hace grandes discursos sobre la diversidad social en Montreuil, comenta Marianne. Pero existe en la calle o el día del festival de música, no en las escuelas. Es cierto que hay un lado agradable aquí. Cuando vas de compras o vas al parque, es muy bueno, todos son hermanos. Pero cuando vas a ver las escuelas, te das cuenta de que no reflejan en absoluto a la población. Y no quiero poner a los niños en clases donde las tres cuartas partes de los niños tienen dificultades. Entonces, solo queda lo privado.

— Entiendo. Y para la secundaria, entonces, ¿qué estás planeando?

— ¡Respiremos! exclama Marianne.

Como hemos visto, el nivel de las escuelas es muy variable. Lo que dicen Marianne y Jérôme es que el dinero está en el origen de esta variación. Es cierto que la geografía de los resultados del establecimiento reproduce la de los ingresos. En los barrios de lujo, a pesar de la infinita capacidad de los padres para priorizar, los establecimientos son buenos. En las urbanizaciones pobres, todos los establecimientos están en dificultades, independientemente de los esfuerzos del Departamento de Educación Nacional o de los equipos en el lugar. Quedan los distritos fronterizos , como Montreuil, en un punto intermedio.

Para resaltar la influencia del dinero, busco una ciudad cuya situación sea relativamente fácil de descifrar y elijo Digne-les-Bains, prefectura de los Alpes de Haute-Provence. Es una ciudad de 17.000 habitantes, que se extiende a lo largo del Durance. Además de una pequeña escuela secundaria privada, que solo tiene treinta estudiantes de bachillerato, Digne tiene dos escuelas secundarias públicas, ubicadas en ambos extremos. La escuela secundaria Alexandra David-Néel, recientemente renovada, es considerada "muy normal" por la revista L'Étudiant. Es incluso la escuela secundaria peor calificada en Provence-Alpes-Côte d'Azur. Por el contrario, la escuela secundaria Pierre-Gilles de Gennes está clasificada entre las "muy buenas escuelas secundarias". Es la mejor escuela secundaria pública de la academia, por delante de las de Marsella o Aix-en-Provence.

Para determinar si estos resultados contrastantes

están vinculados al ingreso familiar, es necesario analizar la distribución de este último en Digne. La ciudad no tiene realmente una burguesía. Los ingresos son muy homogéneos. Sin embargo, los mecanismos segregadores están funcionando allí. La información proporcionada por INSEE2 sobre los ingresos normales por barrio pinta la tabla adjunta: hacia el sur, las tres áreas que abarcan la escuela secundaria Pierre-Gilles de Gennes son las más extravagantes de la ciudad, con un salario típico para cada grupo de algún lugar en el rango de 33.000 y 39.000 euros cada año. Hacia el norte, las áreas que dan acceso a la escuela secundaria David-Néel tienen un salario típico que oscila entre los 26.000 y los 30.000 euros. De hecho, incluso aquí, la ley de la dirección resulta como se esperaba.

Es claramente cien veces mayor en las enormes comunidades urbanas y, lo que es más importante, en Île-de-France. Una relación similar se rastrea en la educación avanzada. Las universidades ubicadas en las áreas rurales oprimidas de París tienen las tasas de becas más notables y las tasas de logros más bajas en el área central de Francia.

Las buenas escuelas encarecen los vecindarios

Si los barrios caros son buenos colegios, lo contrario también es cierto: preocupadas por el éxito académico de sus hijos, las familias están dispuestas a pagar más por un alojamiento situado cerca de buenos colegios. Para convencerse de esto, basta leer los detalles que acompañan a los anuncios inmobiliarios en el sitio web De particular a privado (www.pap.fr). Además de mencionar el monto de los impuestos locales, el sitio incluye datos y evaluaciones sobre las escuelas secundarias, proporcionados por el Ministerio de Educación Nacional. Por ejemplo, para un alojamiento ubicado en el centro de Lille, proporciona la tasa de éxito, el perfil y el "valor agregado" de las cinco escuelas secundarias cercanas, públicas o privadas.

Por lo tanto, la vivienda es más cara cerca de buenas escuelas. El Individuo investigado. Un estudio cerca de la escuela secundaria Hélène Boucher, por ejemplo, tiene un valor agregado del 20% en comparación con el promedio del distrito 20. Los investigadores han medido científicamente este efecto. Su método consistía en comparar los precios de viviendas del mismo tamaño y ubicadas en la misma calle, pero que no daban acceso a la misma universidad. Al analizar los datos proporcionados por la Cámara de Notarios de París sobre 200.000 transacciones inmobiliarias, Gabrielle Fack y Julien Grenet, de la Paris School of Economics, destacan una relación precisa: en París, una media superior en 1,6 puntos a la de la vecina la universidad se traduce en una diferencia de precio por metro cuadrado del 1,4% [3]. Un estudio estadounidense realizado en Massachusetts mostró el mismo tipo de relación, con padres dispuestos a pagar un 2,5% más por vivienda para acceder a una escuela primaria con resultados en pruebas nacionales un 5% más altos. [4].

El impacto de la calidad de las escuelas sobre los precios inmobiliarios se observa principalmente en las grandes ciudades. Está ligado a la existencia de un mapa escolar. La presencia de establecimientos privados, que escapan a esta regla, tiende a reducir este fenómeno, sin eliminarlo. De lo anterior se deduce que la desigualdad entre establecimientos es tanto mayor cuanto los barrios son socialmente homogéneos. Por lo tanto, es en las grandes metrópolis, donde hay una gran riqueza y focos de gran pobreza, especialmente en París y Marsella, donde es más marcada. La tendencia es hacia la acentuación de la segregación espacial, una división del espacio lograda principalmente por las diferencias en los precios de los inmuebles. Un agente inmobiliario me explicó que había llamado a su agencia L'Adresse, porque "el precio del alojamiento depende de tres cosas: la dirección, la dirección, la dirección". De hecho, vender un armario de escobas en el distrito 7 de París permite comprar una residencia con encanto en Corrèze o en el Somme. Como llegamos alla ?

Remontándonos al siglo XIX, encontramos en todas las ciudades de cierto tamaño la huella de barrios socialmente contrastados. Pero la cesura no siempre es estricta. En el edificio de Pot-Bouille, la novela de Zola, los pisos reflejan la jerarquía social: los apartamentos burgueses ocupan los primeros niveles (el uso del ascensor aún no está generalizado), mientras que las habitaciones de la criada están anidadas bajo los techos; familias modestas se alojan entre los dos. En efecto, es necesario que los sirvientes y todos aquellos que trabajan al servicio de las clases privilegiadas estén al alcance de sus patrones. La separación de los grupos sociales se ampliará a partir de entonces con el desarrollo del transporte. Sin embargo, esta tendencia se interrumpió durante los Gloriosos años treinta,

Ante la crisis de la vivienda, Francia en los años 50 y 60 construyó bloques, cubos, torres y barras. Los "grandes complejos" están equipados con aparcamientos para acomodar los coches que cada uno va equipando poco a poco, cocinas que vendrán a amueblar la mesa de fórmica, la lavadora y la estufa que simbolizan este período, el de la gentrificación de la clase obrera, que, también, donde el (joven) farmacéutico, el tendero o el maestro del barrio viven en los mismos edificios que los trabajadores y empleados. Esta convivencia resulta de la escasez de viviendas, pero también de la ideología que presidió la construcción de grandes urbanizaciones, la de una atenuación de las diferencias sociales dentro de una sociedad "promediada". Las organizaciones que gestionan HLM (viviendas de interés social) aseguran la diversidad de ocupantes, al promover la instalación de las clases medias en las grandes urbanizaciones y la de las clases trabajadoras en las zonas suburbanas.

Sea como fuere, el Estado insta a la admisión a la propiedad, por ejemplo por la ley Barre-Barrot de 1975. El tramo a través de los grandes dominios de alojamiento es posteriormente, para las clases trabajadoras, una etapa restringida, un "trampolín privado". La rotación de estas poblaciones en las estructuras se acelera... hasta el momento en que han dejado de pasar por la caja de los albergues y han sido suplantadas por poblaciones cada vez más desafortunadas, que vinieron a quedarse allí naturalmente. Un número cada vez mayor de ocupantes luchaba para pagar su alquiler, particularmente a medida que aumentaba el desempleo. Las asociaciones restrictivas se han arruinado. Sin embargo, los bares trabajaron a toda prisa para adaptarse a la falta de alojamiento y son de buena calidad. Su mantenimiento es costoso. Cuando los arrendamientos ya no entran, el alojamiento se debilita y los ocupantes pueden soportar irse. En cuanto a los enormes edificios trabajados cerca de las plantas de procesamiento, están experimentando una desindustrialización. Sus ocupantes quedan entonces atrapados en barrios sin futuro. En esta línea, poco a poco, se enmarcan los guetos.

¿Guetos en Francia?

La forma exacerbada del separatismo social es el gueto. Este término, de uso frecuente en los Estados Unidos, ¿es aplicable a Francia? Ha ganado visibilidad desde que el presidente del Gobierno, Manuel Valls, denunciara, en un remarcado discurso [5], "los guetos; un apartheid territorial, social, étnico". Algunos sociólogos, como Loïc Wacquant o Sophie Body-Gendrot, creen que la historia muy particular de los Estados Unidos, en particular el peso del racismo, impide llevar la comparación demasiado lejos. Otros, como el economista Éric Maurin [6], utilizan la palabra. Didier Lapeyronnie, que estudió durante cinco años un barrio pobre de una ciudad de provincia, cree que ahora es posible hablar de guetos, debido al reforzamiento, en la década de 2000, de la segregación urbana y la discriminación racial. , así como la creciente desigualdad de los barrios ante el paro.

Describe cómo las inmensas dificultades dieron lugar a formas de autoorganización en el barrio. El narcotráfico es la principal actividad económica. Su estructura básica es la familia, siendo los bienes importados de la gran ciudad. La venta se organiza por huecos de escalera. El desmantelamiento de una pandilla es seguido inmediatamente por la aparición de otra. En el distrito estudiado por Didier Lapeyronnie, las autoridades negocian con los concesionarios la distribución de determinadas ayudas sociales, el apoyo durante las elecciones, incluso el mantenimiento del orden. El sociólogo apunta que la imagen negativa del barrio obsesiona a sus habitantes [7].

Sin embargo, la forma del gueto sigue siendo excepcional. Los datos relativos a las zonas urbanas sensibles (ZUS), los barrios desfavorecidos a los que se dirige la política de la ciudad, lo muestran claramente. ZUS son el hogar de aproximadamente 4,5 millones de habitantes y el 13% de los estudiantes. Con el triple de pobres, el triple de inmigrantes y el doble de desempleados que en otros lugares, estos barrios podrían compararse con guetos urbanos. Sin embargo, más de la mitad de los estudiantes universitarios y el 80% de los estudiantes de secundaria que viven en estos barrios estudian fuera de las ZUS. Por el contrario, más de la mitad de los estudiantes de secundaria y más del 80% de los estudiantes de secundaria ubicados en ZUS provienen del exterior.

Esta mezcla limita la guetización. Sin embargo, para las familias que viven en las cercanías de estas áreas, representa una amenaza. Los resultados del certificado de secundaria son claros en este sentido: cuantos más alumnos tiene una escuela viviendo en ZUS, peores son sus resultados. [8] _ Dentro de las familias del distrito más apegadas al éxito de sus hijos y en los distritos vecinos domina el deseo de evitar a toda costa las escuelas asociadas a estos distritos. Un estudio sobre Montpellier [9] concluye que, por derogación o recurso al sector privado, el 75% de los alumnos de clase media y media alta evitan la universidad de sector en barrios "mixtos".

Estas estrategias tienen sentido: vivir en un área urbana sensible duplica el riesgo de que un niño ejecutivo se retrase en la escuela, según el observatorio ZUS [10]

Los distritos, por tanto, no están separados de forma hermética, sino que la escuela contribuye fuertemente a que lo estén. Estos datos solo confirman lo que es obvio para los profesores en el campo. Como ejemplo, consultemos la lista de prácticas que encuentran los alumnos de noveno grado. En un colegio popular, dominan las empresas locales, a menudo contactadas con la ayuda de maestros. En el François Quesnay College, que acepta algunas prácticas en Florida o Quebec, predominan empresas de prestigio, sobre todo en los sectores audiovisual, de la comunicación o de las finanzas, que interesan a los estudiantes y dan empleo a sus padres.

La contrapartida de la guetización es la gentrificación, es decir, la transformación de los barrios populares ubicados en el centro de la ciudad por la llegada de clases medias educadas, en particular profesiones culturales, que pueden así combinar entre sí la proximidad del centro y precios inmobiliarios asequibles. , sin dejar de lado las posibles plusvalías inmobiliarias. Este movimiento afecta generalmente a los barrios no lejos de los barrios bonitos. Refuerza la homogeneidad social de las grandes ciudades y en primer lugar de París, alejando cada vez más a las clases trabajadoras del centro [11].

Por supuesto, los "gentrificadores", que afirman su negativa a vivir en barrios burgueses, que en todo caso les resultan inaccesibles, no ven inconveniente en que sus hijos asistan a escuelas burguesas en barrios de lujo. El politólogo Jacques Donzelot explica:

Las llagas parisinas están tan conectadas con su vecindario como con las principales ciudades del mundo. La proximidad a los lugares de transporte, estaciones nacionales o internacionales y los principales aeropuertos es, por tanto, un factor determinante. La segunda motivación es la proximidad de buenas escuelas secundarias. Muchos padres están dispuestos a mudarse en detrimento de una cierta comodidad de vida, para estar más cerca de las mejores escuelas secundarias para sus hijos. 12

En París, donde los empleados y trabajadores tardaron hasta la década de 1980 en convertirse en minoría, la gentrificación avanza gradualmente del suroeste al noreste. Aparte de algunas cuadras alrededor de las estaciones y algunos sectores de los distritos 18, 19 y 20, el proceso está casi completo. Tanto es así que la proporción de estudiantes de sexto grado de entornos muy privilegiados aumentó del 41% al 47% durante la década de 2000.

Al mismo tiempo, el fenómeno ha traspasado los límites de la capital. A pesar de la fuerte oposición entre París y sus "suburbios" -un término peyorativo que a nadie se le ocurriría aplicar a Neuilly-sur-Seine o Marnes-la-Coquette-, la falta de espacio ha empujado a algunos, como mis amigos Marianne y Jérôme, a cruzar la carretera de circunvalación, una barrera muy simbólica, hacia Montreuil o Bagnolet, que algunos llaman los "DOP-TOP" (departamentos y territorios más allá de la carretera de circunvalación). Oído de boca de un maestro, este acrónimo es una buena ilustración del desprecio social al que puede llevar la necesidad de sangrarse por las cuatro venas en la pequeña burguesía intelectual para hacer coincidir el domicilio con el medio social al que se aspira.

En toda Île-de-France, la proporción de ejecutivos entre los compradores de apartamentos aumentó del 30 % en 2009 al 38 % en 2013, según el Colegio de Notarios, lo que significa que el fenómeno se acelera. En Île-de-France, un territorio increíblemente contrastado en términos de ingresos, también nos llama la atención el hecho de que el nivel de vida medio -la renta bruta disponible por unidad de consumo- superó los 25.000 euros en 2010. [13] al año en París o Hauts-de-Seine, pero fue menos de 15.000 euros en Seine-Saint-Denis. En una inspección más cercana, las diferencias son mucho más pronunciadas. Así, en Boulogne-Billancourt, la renta familiar media en 2010 era de 26 198 euros en el barrio más pobre y de 119 967 euros en el más rico. En París, la renta media varía de 19.837 euros a... ¡181.873 euros según el distrito! Estas diferencias van de la mano con la evolución diferenciada de los precios de la vivienda. Entre 2009 y 2014, aumentó un 25 % en Montreuil y un 29 % en Bagnolet, pero cayó un 6 % en Noisy-le-Sec (en la frontera con Montreuil) y un 27 % en Aulnay-sous-Bois, a pocos kilómetros de distancia.

La misma desigualdad se observa en las otras grandes ciudades: en el distrito más pobre de Grenoble, la renta media es de 16.175 euros por hogar, frente a los 86.297 euros de ciertas partes de Meylan, su suburbio chic. Marsella tiene algunos de los barrios más ricos de Francia... y algunos de los más pobres.

El resultado de esta estrategia de los más ricos y de la carrera que lanzan es dibujar barrios homogéneos en las grandes ciudades. En un barrio uniformemente rico como el del Lycée Quesnay, los estudiantes no tienen idea del nivel de vida en Francia. Les sorprende mucho saber que el salario medio no supera los 2.000 euros netos al mes. En las escuelas secundarias donde solía trabajar, los estudiantes quedaron impresionados cuando les presenté datos sobre ingresos muy altos. Hicieron preguntas ingenuas (pero relevantes), como "¿Cómo puedes gastar tanto dinero? En el Lycée François Quesnay, las reacciones son muy diferentes. Al enterarse de que los ejecutivos mejor pagados en finanzas recibieron en promedio más de 4 millones de euros en 2012, un estudiante se preocupa: "¿Pero por qué se quedan en Francia? ¡Deben ser asesinados por el recaudador de impuestos! Otro inmediatamente lo desengaña: "Mi padre está en Londres y también le quitamos todo, ya sabes. "¿Será necesario crear una unidad de apoyo psicológico en el liceo de Quesnay en el momento del tercero provisional?

Con el fin de promover la interacción social, los anuncios inmobiliarios incluyen ahora los datos sociodemográficos del distrito. En la sección "Vecinos", el sitio De individuo a individuo acompaña así un anuncio inmobiliario con datos socioeconómicos: renta media, tasa de paro, edad media, perfil del barrio ("ejecutivos jóvenes y dinámicos", por ejemplo).

¿Qué sucede con las poblaciones expulsadas de los centros de las ciudades por el aumento de los precios? A menudo se van lejos en busca de tranquilidad y una mejor calidad de vida. Por otro lado, el propietario de una bonita casa en Vinon-sur-Verdon toma el coche todos los días para ir a trabajar a Marsella y el residente de Louviers se preocupa por el tráfico ferroviario a la estación de Saint-Lazare. Además del transporte, el problema de estos pioneros es la escuela. Dimensionadas para poblaciones rurales en declive, las escuelas no responden a los deseos de los habitantes rurales, ni en términos de proximidad ni de calidad.

Nótese finalmente que el alto costo de la vivienda predice una buena población escolar, pero no la garantiza. Existe cierto juego, especialmente en las grandes ciudades. Incluso con una proporción del 47% de familias adineradas, la calidad de las escuelas no siempre está ahí, como bien saben los padres de los alumnos más vigilantes; y los finos matices sociológicos se convierten fácilmente en una gran brecha en términos del valor académico de las escuelas. Hemos visto esto con los distritos "fronterizos", también es cierto en los distritos de lujo. Así, en la buena ciudad de Neuilly-sur-Seine, una de las escuelas secundarias, aunque ubicada en un distrito prestigioso, es de nivel muy medio, debido a la competencia despiadada de una buena escuela secundaria pública y tres buenas escuelas secundarias privadas. . En las grandes ciudades, el mapa escolar es, por tanto, una variable estratégica.

El mapa y el territorio

El mapa escolar asigna a los estudiantes a escuelas, colegios y escuelas secundarias según su lugar de residencia. En la universidad, la asignación depende de la dirección del establecimiento atendido en terminale. Cuando se introdujo en 1963, el objetivo principal del mapa escolar era predecir cuántos estudiantes llegarían a una universidad o escuela secundaria, para poder administrar mejor la creación y el cierre de clases. La educación se hizo obligatoria hasta los dieciséis años en 1959. Debido a la explosión numérica, se ha vuelto bastante acrobático encontrar un lugar para cada alumno en un establecimiento cercano a su hogar. El mapa debe permitir anticipar los flujos.

Con él, las familias ya no pueden elegir el colegio para sus hijos. Todos los establecimientos se benefician de los mismos programas, los mismos horarios y el mismo profesorado, se garantiza la igualdad de trato de los usuarios, principio fundamental del servicio público. En principio, no hay razón para preferir una escuela a otra. Aunque no era una preocupación central en ese momento, el mapa escolar evita que ciertos establecimientos estigmatizados vean huir a las familias y promueve la diversidad social.

Hoy, esta mezcla social es un objetivo asignado explícitamente al mapa escolar por parte de los poderes públicos, a veces incluso presentado como un imperativo moral. Al describir en un informe la situación de cinco familias de Romainville que habían inscrito fraudulentamente a sus hijos, buenos estudiantes, en el liceo Condorcet de París, la senadora socialista Françoise Cartron se indignaba en 2012: "El hecho de haber privado al liceo de Romainville de sus mejores alumnos [...] reproduce efectos de pares en detrimento del éxito académico de los alumnos que han respetado la sectorización [14], es decir, sería deber de los padres de buenos alumnos dejar a sus hijos con menos buenos alumnos para promover el progreso de este último. En la primera lectura, pregunté si había un error. Que una concepción tan radical, casi sacrificial, se pueda afirmar en un país democrático es bastante sorprendente y uno duda que los padres de buenos estudiantes la compartan.

Dicho esto, debe recordarse que esta mezcla social se ha mantenido durante mucho tiempo como un puro encantamiento. En la década de 1960, la universidad se dividió en tres corrientes jerárquicas. La primera fue la secundaria. Los niños, especialmente los de entornos privilegiados, aprendían latín y humanidades allí en estas "pequeñas escuelas secundarias", que luego se convirtieron en los CES (colegios de educación secundaria). La Sección 2, más particularmente destinada a estudiantes serios de origen obrero y desarrollada en los colegios de educación general (CEG), condujo a los colegios de educación técnica, mientras que las clases de transición en la tercera corriente preparaban para el aprendizaje y la vida activa. No nos mezclábamos y la ausencia de diversidad en cada categoría de establecimiento limitaba la tentación de eludir el mapa escolar.

En 1975, la reforma Haby suprimió los cursos, creando el famoso colegio único. Al principio, era realmente único solo en el nombre, porque muchos estudiantes estaban orientados hacia caminos tecnológicos o profesionales, en particular al final del quinto grado. A fines de la década de 1970, solo el 40% de los estudiantes que ingresaban al sexto año ingresaban al segundo general. Y las posibilidades de ser "orientado", es decir excluido del camino que conduce al bachillerato general, dependían tanto del origen social del alumno como de sus resultados. El colegio único era, por lo tanto, un lugar formidable de clasificación y eliminación, que producía clases bastante homogéneas.

Las cosas cambiaron gradualmente durante la década de 1980, con la reducción de orientaciones fuera del camino general en la universidad. Se hizo posible una verdadera mezcla social y ahí empezaron los problemas. No necesariamente para las clases altas, que de todos modos se mantenían apartadas en los barrios exclusivos. Pero la mezcla social amenazaba a las clases medias, cuyos hijos corrían el riesgo de mezclarse con los de las clases trabajadoras en establecimientos menos atractivos y clases menos selectivas.

Es cierto que la reforma estuvo acompañada por la reanudación de la mayoría de los programas y requisitos del CES, heredero de la pequeña escuela secundaria. Por lo tanto, el nivel teórico del colegio único es bueno. Pero estos programas imponen un ritmo acelerado, pedagogías bastante tradicionales. Sería un milagro si todos los niños pudieran absorberlos de repente. Desde el principio, era previsible que muchos establecimientos se encontrarían rápidamente en dificultades.

Una vez confirmado el pronóstico, los padres pertenecientes a las clases medias intentaron escapar de estas dificultades y, por tanto, de la constricción que les imponía el mapa escolar.

Estrategias de elusión desarrolladas en las décadas de 1980 y 1990. Incluso se ha convertido en un "castaño" de la prensa de revistas, que periódicamente hace un inventario de él, con tanto mayor interés cuanto que los periodistas forman parte precisamente de las categorías sociales "amenazadas" por la coeducación escolar. Hoy, el 10% de los niños se educan en una universidad pública distinta a la de su barrio y el 20% en el sector privado. Por lo tanto, casi uno de cada tres niños escapa de la universidad pública en su distrito. Estamos muy lejos de la igualdad. Y estos promedios se superan con creces en algunos lugares. Montreuil, por ejemplo, sólo tiene veintidós segundas clases, mientras que esta ciudad de

100.000 habitantes contarían el doble si todos sus jóvenes se educaran allí [15]. ¿Adónde han ido los estudiantes desaparecidos? ¡Los hijos de Marianne y Jérôme no están solos por la mañana, en el metro que conduce a París! En promedio, el 12% de los alumnos de CM2 en Seine-Saint-Denis "desaparecen" al ingresar al sexto grado.

¿Cómo sortear el mapa escolar? Los medios no faltan.

El primero es el uso de la educación privada. Algunos establecimientos están fuera de contrato con la Educación Nacional y son caros (de 4.000 euros a...

30.000 euros al año). Pero la gran mayoría de los establecimientos privados se encuentran bajo contrato de asociación con el Estado y forman parte del servicio público de educación. Los padres tienen la seguridad de que siguen los programas y horarios nacionales y que es posible pasar de privado a público sin dificultad. Dado que los sueldos de los profesores son pagados por el Estado, estos establecimientos son asequibles para las clases medias (de 1.000 euros a 2.000 euros al año).

Pero escapan al mapa escolar, que también es bastante discutible y muy bien podría ser cuestionado por las autoridades públicas. Después de todo, si las clínicas privadas se integran en los esquemas regionales de organización de la salud, ¿por qué no hacer lo mismo en el sistema educativo? Estos establecimientos privados a veces juegan el juego de la mezcla social y étnica. Sabemos de colegios católicos que acogen a una mayoría de estudiantes musulmanes o en los que las familias de los directivos acceden a alojar a sus hijos a pesar de un reclutamiento mayoritariamente popular.

Sin embargo, las escuelas privadas suelen desempeñar el papel de recurso cuando el desempeño o la reputación de la escuela pública local deja mucho que desear. Seleccionan en expediente, comprueban la motivación del alumno y su familia; en definitiva, se dotan de los medios para obtener buenos resultados. Y es eficaz: los establecimientos privados son hoy los mejores de Francia, volveremos sobre esto. Estas actuaciones están obviamente ligadas al público recibido. Los padres dispuestos a recurrir al sector privado y pagar los derechos de matrícula necesariamente están muy preocupados por el éxito académico de sus hijos y dispuestos a tomar medidas para promoverlo, lo cual es muy importante. La utilización del sector privado contribuye en gran medida a ampliar las diferencias de nivel entre establecimientos. En un contexto volátil como el de la región de París, donde los padres están muy atentos (o histéricos, según se mire) y donde la oferta escolar es amplia,

Esto es lo que sucedió en la ciudad suburbana donde vivo. La escuela secundaria pública allí tenía la reputación de ser dura con los estudiantes débiles, pero eficiente. El relajamiento de la disciplina y la selección, debido a la celosa aplicación de las instrucciones oficiales por parte del nuevo director, alertó de inmediato a las familias más ricas. Empecé a recibir llamadas de vecinos o amigos que intentaban evitar la escuela secundaria y querían saber si tenía una solución. Unos iban al liceo privado cercano, que ganaba en calidad por un efecto de balancín, otros a establecimientos más alejados. Los maestros de las escuelas secundarias públicas calcularon que, de los buenos estudiantes de noveno grado de la ciudad, la mitad evitaba la escuela secundaria. Esta hemorragia de buenos elementos acentuó el declive: las plazas libres en terminale fueron ocupadas por repetidores rechazados en otros lugares por su mal expediente, a veces venidos de lejos y que la inspección académica impuso por las plazas disponibles. Una vez iniciada la espiral negativa, es difícil revertirla. Se dice que los mercados financieros son temerosos como ratones y tienen la memoria de un elefante. Lo mismo podría decirse de los padres de los estudiantes: rápidos en abandonar el establecimiento en decadencia, sólo regresarán cuando estén seguros de no correr ningún riesgo por sus hijos. Se dice que los mercados financieros son temerosos como ratones y tienen la memoria de un elefante. Lo mismo podría decirse de los padres de los estudiantes: rápidos en abandonar el establecimiento en decadencia, sólo regresarán cuando estén seguros de no correr ningún riesgo por sus hijos. Se dice que los mercados financieros son temerosos como ratones y tienen la memoria de un elefante. Lo mismo podría decirse de los padres de los estudiantes: rápidos en abandonar el establecimiento en decadencia, sólo regresarán cuando estén seguros de no correr ningún riesgo por sus hijos.

Otro medio frecuentemente utilizado para evadir la tarjeta escolar, las direcciones falsas son obviamente más accesibles para quienes tienen conexiones en el distrito del que depende el codiciado establecimiento. De hecho, es necesario presentar un certificado de alojamiento. Alquilar un buzón es una alternativa. Este servicio que se ofrece en Internet está destinado fundamentalmente a los autónomos ya las profesiones liberales. Cuesta de veinte a cuarenta euros al mes, reenvío de correo incluido. También se puede solicitar una renuncia sobre la base del lugar de empleo, posiblemente utilizando una promesa de empleo falsa.

Alquilar o comprar una propiedad en una ubicación ideal es una solución radical. Se puede comprobar así que la demanda de superficies muy pequeñas (menos de 10 m2) es muy alta en las inmediaciones de institutos de prestigio (Thiers en Marsella o Condorcet en París, por ejemplo). También es posible "matar tres pájaros de un tiro": Le Particulier cita el caso de una familia de Toulouse que busca un estudio situado cerca del prestigioso liceo Pierre de Fermat, para alojar a su hijo mayor... y vivir allí ficticiamente su otros dos niños [16].

Pero estos desfiles ya no son suficientes. De hecho, la Educación Nacional parece querer luchar más eficazmente contra estas prácticas y tiene los medios para hacerlo. Cada vez con más frecuencia, los establecimientos están exigiendo a las familias varias pruebas de residencia y el aviso del impuesto municipal. Como entendieron Marianne y Jérôme, eludir estas solicitudes es muy difícil. En las grandes ciudades se puso en marcha en 2008 un procedimiento informatizado de asignación de alumnos con el dulce nombre de Affelnet. Favorece el criterio de proximidad geográfica, pero los becarios se benefician de una bonificación, que modifica la contratación en determinados establecimientos. En París, por ejemplo, las escuelas secundarias Sophie Germain (distrito 7) y Turgot (distrito 3) tenían el 45% de los becarios en 2012.

Finalmente, debemos mencionar las intervenciones políticas, que son frecuentes en mi escuela secundaria. Se refieren a unos pocos establecimientos, especialmente en las escuelas secundarias. Pero no todos tienen las conexiones de Mazarine Pingeot y este fenómeno sigue siendo limitado. Lo que no lo hace más aceptable en términos de justicia social...

A falta de poder eludir el mapa escolar, el separatismo a veces interviene dentro de una escuela mediocre: para mantener buenos estudiantes, la dirección puede (desafiando los textos oficiales) formar clases homogéneas o, al menos, aislar una buena clase. Esto ha sido llamado durante mucho tiempo el

"Clases de la CAMIF", del nombre de esta antigua cooperativa vinculada a la mutua de maestros, porque reunía a los hijos de los maestros del barrio. Algunos no dudan en conocer al director del colegio y ponerle el mercado en la mano: o forma una buena clase, encomendada a los mejores profesores, o retiran a su hijo del establecimiento.

Un estudio ha demostrado que el agrupamiento de alumnos que aprenden alemán como primera lengua era más frecuente en las universidades desfavorecidas [17].

Oportunidad ! La elección del latín o del griego también puede desempeñar este papel. Pero el marcador más claro es la clase europea. No es raro observar diferencias medias de clase de tres puntos entre un tercero o un segundo europeo y las demás clases del mismo establecimiento. Esta estrategia de reagrupamiento y separación es a menudo adoptada por los directores, porque es la única que permite mantener los mejores elementos, aun cuando sean conscientes de sus efectos perversos. Además de que pueden sufrir la ira de su jerarquía, puede dar lugar a enfrentamientos entre públicos muy diferentes. La presencia de buenos estudiantes tiende a subrayar el fracaso de los demás y los sentimientos de relegación e injusticia que pueden albergar. No hay clase élite sin

" clases basura ", cuyo simple nombre describe crudamente la violencia simbólica a la que se enfrentan jóvenes y padres.

¿Hacia una abolición del mapa escolar?

Pasando por alto el mapa de la escuela que se ha vuelto más complicado, la ley de hierro de la dirección pesa cada vez más. En respuesta, en 2007 el gobierno amplió las posibilidades de derogación, a la espera de una abolición total que iba a tener lugar en 2012... pero que desde entonces ha desaparecido en el limbo. El Estado sopla, pues, frío y calor, lo que refleja sus vacilaciones: el mapa escolar limita las estrategias de evitación de determinadas familias... pero bloquea en establecimientos menos buenos a las que viven en barrios desfavorecidos. De los dos males, ¿cuál es el menor?

Algunas escuelas secundarias escapan del mapa escolar. En París, Henri IV y Louis Le Grand están totalmente desectorizados: sólo cuenta el expediente del estudiante. En Versalles, donde no hay tarjeta escolar, la mejor escuela secundaria puede elegir a los mejores estudiantes en el archivo.

Ahora pueden invocarse siete razones jerárquicas para la derogación: una discapacidad, una razón médica, el hecho de ser becario, una carrera escolar determinada, un acercamiento de hermanos, el hecho de que la residencia esté cerca del establecimiento deseado, y "Otros". razones ". El "curso escolar especial" permite a los alumnos musicales o multilingües incorporarse a una escuela que ofrece horarios flexibles. La elección temprana de un segundo idioma moderno en la universidad, la opción de "historia del arte" en la escuela secundaria son otras posibilidades. El gobierno ha decidido limitar el impacto de este motivo desde el inicio del curso 2014, porque el uso de opciones raras podría ser un simple pretexto. Por lo tanto, es común que una familia que busca un buen establecimiento fuera del sector solicite una entrevista con el jefe del establecimiento y le den un discurso como: "Aquí está el expediente de mi hijo. Usted ve que es muy buen estudiante". ¿Qué debo pedirle para que venga a tu casa?, la respuesta podría ser "actividad deportiva especializada, opción voleibol", por ejemplo, nadie verificará las habilidades de voleibol del estudiante, obtendrá la tarea de su elección y la escuela secundaria, un buen elemento En París, estos "viajes

los particulares " representan el 48 % de las solicitudes de exención, tres veces más que en el resto de Francia. La razón médica también puede ser manipulada. A veces se invoca para integrar mi escuela secundaria, sobre la base de archivos médicos que mencionan "trastornos de atención" y otras patologías bastante vagas, que se supone que requieren un tiempo de transporte reducido para el estudiante, que vive cerca, pero fuera del área...

Los padres no se apresuraron a aceptar las nuevas libertades que se les ofrecían. Entre 2006 y 2009, las solicitudes de suspensión aumentaron del 6% al 11% de los alumnos. Se cumplen entre un 60 % y un 70 %, por lo que las exenciones representan ahora poco más del 7 % de los expedientes de asignación, lo que sigue siendo bajo [18]. Mucho más numerosas (36%)

en París, las solicitudes son ampliamente menos satisfechas (31%) que en el conjunto de Francia, las capacidades de acogida de los colegios y escuelas secundarias no se pueden ampliar hasta el infinito.

Evidentemente, las excepciones no afectan por igual a todas las categorías sociales. Las familias acomodadas rara vez lo necesitan, ya que por definición viven donde están los buenos establecimientos. Una encuesta realizada en Montpellier mostró que los colegios de los barrios bonitos eran aquellos cuya contratación respetaba mejor el mapa escolar [19]. Los ejecutivos privados o los comerciantes recurren con frecuencia a la educación privada. Debido a la falta de información, las clases trabajadoras suelen estar satisfechas con el establecimiento público en su distrito. Quedan aquellos que no tienen los medios económicos para vivir en los mejores barrios, pero que tienen un nivel de educación que les permita conocer el sistema educativo, y saber que las exenciones son posibles, cómo obtenerlas y que es importante conseguirlos El tipo ideal de buscador es, por lo tanto, el maestro. De hecho, los docentes tienen el doble de probabilidades que el promedio de inscribir a sus hijos en una universidad pública distinta a la de su sector.

¿Por qué la flexibilización del mapa escolar no condujo a su abolición, como preveía Nicolas Sarkozy? Su historial es controvertido. Ha provocado la deserción de determinados establecimientos. Así, los responsables del colegio Henri Longchambon, en Lyon, creen que la relajación, "si podría haber beneficiado a algunos, ha empeorado la situación de su establecimiento" (quinto colegio más desfavorecido del Ródano). Dada la cantidad de estudiantes de CM2 en el área, debería haber recibido 190 nuevos estudiantes de sexto grado, pero

Sólo 120 estudiantes se presentaron [20]. Con 55 solicitudes de suspensión en 2010, fue la universidad más rechazada del departamento, a pesar del espectacular aumento de sus resultados.

El problema de los establecimientos evitados es que pierden recursos, porque éstos están ligados a la cantidad de personal: entonces ofrecen menos opciones y en ocasiones tienen que renunciar a las medidas ideadas para solucionar los problemas que encuentran. Es bueno que una escuela no sea demasiado grande, para conocer bien a cada alumno, pero una escuela demasiado pequeña no es viable. Por ejemplo, si uno de cada diez alumnos estudia alemán, una universidad con solo dos clases por nivel solo tendrá cuatro o cinco germanistas. O se dejará de ofrecer alemán en la secundaria, lo que hará que pierda más alumnos, o será, a costa de un importante consumo de recursos humanos, que obligue a sacrificar otra enseñanza. La disminución del personal también conduce a recortes de puestos de trabajo, que desorganizan los equipos y ponen en tela de juicio los proyectos. Finalmente, las posibilidades de éxito en estos establecimientos disminuyen.

Por lo tanto, el gobierno de Hollande fue en la dirección opuesta. La reforma de la escuela intermedia podría significar el fin de las clases europeas y de las antiguas opciones lingüísticas, tan utilizadas por los padres mejor informados para eludir el mapa escolar.

Atrapados entre un rígido mapa escolar que avala la segregación espacial y una libertad de elección que añade la segregación social, los poderes públicos no han encontrado una buena solución. La razón de este callejón sin salida es simple: es difícil construir una escuela igualitaria en una sociedad que no lo es. Las enormes tensiones que rodean al mapa escolar resultan de las crecientes desigualdades entre establecimientos, en un contexto de elitismo y segregación espacial exacerbados. Solo pueden empeorar a medida que más y mejor padres educados toman conciencia de los problemas.

Para quienes observan las desigualdades, existe un enigma francés: en términos de ingresos, Francia no es particularmente desigual, en comparación con otros países desarrollados. El trabajo de la OCDE (Organización para la Cooperación y el Desarrollo Económico) lo sitúa en una posición media [21]. Además, el acceso a la escuela es gratuito y obligatorio hasta los dieciséis años. Los más desfavorecidos se benefician de las becas y los recursos destinados a los establecimientos desfavorecidos se han incrementado en los últimos treinta años. Sin embargo, a Francia le va peor en términos de desigualdades educativas que a países donde las élites se quedan entre ellas en las escuelas a 30.000 euros al año. Es increíble y, sin embargo, lo confirman, año tras año, las encuestas PISA: "En Francia, la correlación entre el entorno socioeconómico y el rendimiento es mucho más marcada que en la mayoría de los demás países de la OCDE", escriben los responsables de esta encuesta, y " el sistema educativo francés es más desigual en 2012 que nueve años antes" [22]. Este capítulo nos ayuda a entender por qué. Las familias de origen privilegiado son las que hacen un uso más eficiente del sistema escolar que el Estado pone a disposición de los ciudadanos. Y tienen éxito en particular porque son más ricas. El dinero no lo es todo, ni mucho menos. Pero es la primera razón por la que las brechas entre establecimientos se están ampliando. Una encuesta estadounidense realizada por la fundación no partidista PEW [23] muestra que la segregación espacial aumenta la desigualdad de oportunidades. La escuela está en el centro de este fenómeno.

Capítulo 2 Notas

[1] Robert P.ARK, "La ciudad: propuestas de investigación sobre el comportamiento humano en un entorno urbano" (1925), en The School of Chicago. Nacimiento de la ecología urbana, Editions du Champ urbain, París, 1979, p. 125.

[2] Los ingresos medios de cada IRIS (cluster agrupado para información estadística), un grupo de aproximadamente mil hogares, están disponibles en el sitio web del INSEE.

[3] Gabrielle FACKy Julien G.RENET, "Mapa escolar y precios inmobiliarios en París", en Denise PUMAINy Marie-Flore M.ATTEI (ed.), Urban Data, vol. 6, Económica, París, 2011, pág. 181-186.

[4] Sandra BLACK, "¿Importan mejores escuelas? Valoración de los padres de la educación primaria", Quarterly Journal of Economics, n[oh] 114(2), 1999, p. 577-599.

5. Deseos a la prensa, 20 de enero de 2015.

6. Eric M.AURIN, El gueto francés. Investigación sobre el separatismo social, Umbral, París, 2004.

7. Didier L.APEYRONNIE, Urban Ghetto. Segregación, violencia, pobreza en la Francia actual, Robert Laffont, París, 2008.

8. OBSERVATORIO NACIONAL DE ZONAS URBANAS SENSIBLES, Informe 2013, Les Éditions du CIV, París, 2013, p. 90.

9. Laurent VISIER y Genevieve ZOIA, El mapa escolar y el territorio *urbano*, PUF, París, 2009.

10. OBSERVATORIO NACIONAL DE ZONAS URBANAS SENSIBLES, Informe 2013, op. cit.

11. Véase, por ejemplo, Anne CLERVAL, París sin el pueblo. La gentrificación de la capital, La Découverte, París, 2013.

12. "Bobos, inmigrantes: dos "clases" conquistando los centros de las ciudades", Île-de-France 2030, 2 de diciembre de 2013.

13. del INSEE, www.insee.fr

14. Informe de información nº 617 (2011-2012) de la Sra. Françoise Cartron, realizado en nombre de la Comisión de Cultura, Educación y Comunicación, presentado el 27 de junio de 2012.

15 _ Ibíd., pág. 37.

16. "El mapa escolar aumenta los precios: los establecimientos cotizados estimulan la demanda en París y en las provincias", Le Particulier immobilier, n° 292, diciembre de 2012,

17. Monique GIRY-VSOISSARDy Xavier N.IEL, "Homogeneidad y disparidad de clases en los colegios públicos", Nota informativa, n o 97-30, Ministerio de Educación Nacional, julio de 1997.

18. Ver Gabrielle FACK y Julien G.RENET, Informe de evaluación sobre la flexibilidad del mapa escolar, CEPREMAP, París, enero de 2012.

19. Laurent VISIER y Genevieve ZOIA, El mapa escolar *y el territorio urbano*, op. cit.

20. Informe de información nº 617 (2011-2012) de la Sra. Françoise Cardron, op. cit.

21. El índice de Gini traduce las desigualdades por un número entre 0 (igualdad perfecta) y 1 (desigualdad total). Francia (0,30) es algo más desigual que Dinamarca (0,25) o Suecia (0,27), pero menos que Estados Unidos (0,38), Reino Unido (0,34) o España (0,34).

22. PISA de Francia, 2012.

23. "Movilidad y metrópolis. Cómo las comunidades tienen en cuenta la movilidad económica", un informe de los fideicomisos benéficos PEW, diciembre de 2013.

3

muletas de apoyo escolar

"Cuando un niño no progresa, debe abandonar [métodos que no le convienen] [1]. »

Al no llegar al Lycée Quesnay, me decepcionó el nivel de expresión y organización de los alumnos. Algunos incluso parecían muy débiles en mi disciplina. Sin embargo, los resultados generales son buenos. ¿Por qué los alumnos débiles de Quesnay consiguen salir de ella y sacar el bachillerato? Rápidamente encontré la respuesta.

En enero invertí los horarios de dos grupos de alumnos de la misma clase, para que uno no quedara en desventaja frente al otro. Marine vino a pedirme que cambiara su grupo para mantener el mismo horario. Le dije por qué era imposible y empezó a llorar. Cuando pudo hablar, me explicó el problema: tenía una lección privada de matemáticas en este horario y era muy difícil moverla. El jueves por la noche ? Tenía su lección privada de historia. Viernes ? Filosofía. En total, tomó clases particulares en cinco disciplinas diferentes, que no le enseñaron mucho, pero la tranquilizaron tanto que prescindir de ellas le parecía imposible. Abordé este tema con mis alumnos y descubrí que su caso no era raro.

En general, los padres que tienen dinero parecen estar dispuestos a pagar las clases particulares de sus hijos sin ningún límite real, por falta de tiempo para ayudarlos ellos mismos, por no poder seguir ayudándolos directamente cuando las materias se vuelven más técnicas y porque no siempre es fácil hacer trabajar a los propios hijos, que se han vuelto adolescentes y se rebelan con facilidad. Por supuesto, los "cursos pequeños" no pueden hacerlo todo, especialmente cuando se trata de llenar viejos vacíos. Un colega me dijo de un estudiante: "Yo la impresión de que no entiende lo que es un número. Del mismo modo, después de años de trabajo y varios ejercicios, algunos continúan desviándose del tema y respondiendo al margen. ¿Aumentar las dosis cambiaría algo?

Además, la carga de trabajo que se puede imponer a los niños pequeños es limitada. Recuerdo las palabras de un padre queriendo convencerme de que su hija tenía que pasar de segundo a primero ES a pesar de sus insuficientes resultados: "¿Y si trabaja todo el verano varias horas al día? ¿No puede pasar del 20/8 al 20/10? Sí, pero ¿a qué costo? Un estudiante que ha pasado el verano inclinado sobre sus libros, ¿logrará continuar el año siguiente? ¿No rechazará la escuela? "Trabajé como loco para conseguir la pasantía médica y sé que el trabajo paga", agregó. ¡Como si las dos situaciones fueran comparables!

Por lo tanto, debemos desconfiar de la idea de que las clases particulares son una inversión que podemos acumular sin límite si tenemos los medios económicos para hacerlo. Los resultados no son proporcionales a la cantidad de cursos. La eficacia de las horas extraordinarias, como la de todas las inversiones, está sujeta a la ley de los rendimientos decrecientes: disminuye a medida que aumenta el volumen.

Una vez realizadas estas reservas, hay que reconocer que las clases particulares son realmente efectivas. Se desarrollan al ritmo del alumno, obligado a una cierta atención. El estudiante suele estar activo, mientras que es difícil involucrar a toda la clase. La tutoría privada también puede restaurar la confianza de un estudiante que ha tenido malas calificaciones o que siente que no entiende, al darle la oportunidad de hacer preguntas sin temor a que lo tomen por tonto. Lo reconozco, a veces siento cierta angustia cuando alumnos conocidos por sus malas interpretaciones levantan la mano para hacer una pregunta en clase. Me siento como el portero en el momento del penalti, preguntándome en qué dirección irá. En las clases particulares, basta que el profesor sea positivo,

Finalmente, está el caso del alumno confrontado con un maestro fracasado. Estoy en una buena posición para saber que existe. Consejo terminal de clase, en un buen liceo público: el profesor de filosofía allí se caracteriza por quedarse dormido en clase a veces, preparar poco sus lecciones, empezar tarde sus sesiones y terminarlas temprano. Los enfrentamientos con los representantes de padres y estudiantes durante las reuniones del consejo son bastante frecuentes. ¿Encuentras esto normal?

Vergüenza general. la

director defiende lánguidamente al profesor, que parece despreocupado y dibuja diligentemente en la hoja que detalla las notas de los alumnos. Mientras tanto, me pregunto cómo estarán los catorce estudiantes que no toman lecciones adicionales...

Las organizaciones privadas también caen rápidamente en las lagunas. En una clase preparatoria en una prestigiosa escuela secundaria parisina, los estudiantes desafiaron las habilidades de un maestro y comenzaron a abandonar sus clases. En pocas semanas, una empresa de tutorías montó un curso de la misma materia y en el mismo horario, lo que provocó el bochornoso ausentismo de los alumnos, que no tenían intención de poner en peligro sus posibilidades en los concursos. El problema se resolvió "exfiltrando" discretamente al profesor en cuestión.

"Un niño en dificultad es un niño ignorante... sus fortalezas"

"El apoyo escolar todavía tiene un futuro brillante por delante: una población creciente de niños de 6 a 19 años, una ansiedad creciente entre los padres y los estudiantes ante el aumento del desempleo, el miedo a la degradación, la desconfianza en el sistema escolar. "No soy yo quien lo dice, sino Xerfi [2], reconocido especialista en estudios de mercado, que dedica 185 páginas al estudio del mercado de tutorías, estimado entre 1.500 y 2.000 millones de euros al año. Xerfi también cree que este mercado está sub- explotado.

Sin embargo, ya es el más grande de la Unión Europea. En la encuesta de rendimiento estudiantil de 2009, la OCDE hizo una pregunta sobre la tutoría. Parece que este apoyo se desarrolla especialmente en los países asiáticos, debido a la intensa presión escolar, y en Europa del Este, debido al deterioro del sistema escolar. Francia está justo detrás de estos dos grupos de países, probablemente por una combinación de estas dos causas. Una cuarta parte de los niños de quince años toma clases de apoyo en su lengua materna en Francia, en comparación con dos tercios en Corea... pero solo uno de cada doce en Finlandia. En matemáticas, el contraste es aún mayor, porque es la materia más selectiva en Francia: el 38 % de los estudiantes toma cursos de apoyo, frente a solo el 10 % en Finlandia.

Según el sociólogo Jean-Paul Caille, uno de cada diez estudiantes de sexto grado se beneficia de tutorías pagas [3]. No son los ejecutivos quienes más recurren a las tutorías en sexto grado, sino los líderes empresariales, profesiones liberales y artesanos, comerciantes.

En total, la tutoría remunerada se estima en 40 millones de horas de clase anuales por el Centro de Análisis Estratégico [4], es decir, un presupuesto medio para los padres de 1.500 euros al año para 40 horas de apoyo, siendo la hora de clase facturada de media 36,50 euros. Las empresas del sector representan solo alrededor de 5 millones de horas, o el 12,5% de las horas dispensadas, siendo el resto esencialmente trabajo no declarado realizado por docentes y estudiantes. La participación de las empresas ha descendido en los últimos años, quizás por la subida de impuestos y contribuciones, que ha afectado a todos los servicios personales. Estas empresas son pocas, siendo Academia y Complétude las más importantes.

Para desarrollarse, suscitan el sentimiento de inseguridad escolar: la escuela pública está mal organizada, es rígida, no entiende a tu hijo. Un magnífico ejemplo lo dio la campaña publicitaria lanzada por Academia en el otoño de 2013: en negrita, "Un niño en dificultad es un niño ignorante", luego, en letra pálida, "... sus fortalezas". El primer nivel de lectura de este eslogan es que el anunciante quería impactar con la afirmación inicial, llamar la atención, antes de enfatizar la capacidad de Academia para encontrar y resaltar las fortalezas del 'estudiante'. Pero hay un segundo nivel de lectura: el eslogan sugiere que la escuela ignora las fortalezas de los niños, de ahí sus dificultades. Es tanto más eficaz cuanto que es parcialmente cierto. Sabemos que nuestra escuela evalúa ciertas aptitudes y habilidades más que otras y que es muy difícil sopesar todo sobre cada individuo en un grupo de treinta alumnos. También sabemos que es selectiva, prestando poca atención a la individualidad de cada persona... lo que no significa que el personal de Academia lo haga mejor.

En un sistema competitivo, la tutoría tiene como objetivo dar una ventaja a su hijo. Esta lógica lleva inevitablemente a un proceso inflacionario: si los hijos de los demás también tienen apoyo en terminale, el mío debe tener apoyo del segundo para salir adelante. Y si la mayoría recibe apoyo en segunda, tengo que empezar antes. Este loco mecanismo da para mucho , ya que el grupo Methodia ofrece tutorías desde el curso preparatorio, en particular ayuda con los deberes (recordemos que los deberes están prohibidos en la escuela primaria). No podemos hacerlo mejor.

De hecho, sí: las "miniescuelas" ofrecen actividades, en particular el aprendizaje del inglés, desde la escuela infantil. Estas iniciativas cuentan con el apoyo de los padres, condicionados a la idea de que hay que apoyar al niño, prácticamente desde la cuna: "No basta con llevar a tu hijo al colegio, es muy recomendable hacer un seguimiento de su progreso académico... Gracias a Internet , los sitios dedicados al apoyo escolar se mejoran constantemente para facilitar la tarea de los padres. [...] De este modo, tendrá hojas de apoyo escolar que incluyen ejercicios prácticos y lecciones 5. ¡El objetivo es "tener éxito en el jardín de infantes"! Solo los padres se sienten obligados a buscar Internet para hojas de tutoría para sus hijos de cuatro o cinco años dice mucho sobre la actitud de nuestra sociedad hacia la escuela, el estrés de los padres y el miedo por el futuro.

Hablando con Mediapart, un director de escuela de Belleville resume lo que está pasando muy bien:

Hay una tensión extraordinaria entre los tutores, comenzando en el jardín de infancia. Es fantástico. Debe estar conectado con la emergencia monetaria. Las familias deben inscribir a sus hijos un año antes de la edad típica. ¡Se aseguran de que sus hijos estén impecables! Un jefe local vio a un padre sollozando para que su hija llegara un año antes de lo previsto, en caso de que algún día tuviera que repetir una nota. Vemos jóvenes exagerados y sobreinvertidos. Quienes transmiten una carga demasiado pesada6.

Visto desde otro punto de vista, esta tensión es un impulso principal impresionante detrás de la utilización del coaching. Durante el descanso de la mañana, dos niños pequeños no han recordado mi presencia y están visitando discretamente a un par de metros del lugar de trabajo. Una, una suplente un tanto decente y a la que le hubiera dado el gran dios sin admisión, le aclara a su compañera que tenía que mirar el correo, coger el informe escolar, filtrarlo, cambiar nota y apreciación, imprimirlo y devolverlo a un sobre en vista de que en cualquier caso "[su] madre se habría vuelto loca al ver la nota numérica. [Habría] estado secuestrada durante bastante tiempo ".

Justo antes de cada examen, Cécile me envía un correo electrónico que combina preguntas sobre el curso y comentarios negativos ("Siento que voy a arruinar este examen"). Al descubrir que su claro francés oral con un profesor temido se ha adelantado unas horas, Hermine vomitará en el baño. Maxence, presa del pánico, hace trampa copiando lo mejor que puede una clave de respuestas extraída de Internet usando su computadora portátil escondida en su equipo (detalle molesto: la clave de respuestas responde a otro tema). Martes, Lise se desmaya y hay que llevarla a la enfermería. Bebió un cuarto de ron, solo para afrontar el día de clases con más tranquilidad.

Coaching, servicio de alta gama

Además de la tutoría, se está desarrollando el coaching. Consiste en particular en hacer reflexionar a los alumnos sobre su relación con la escuela, sobre sus métodos de trabajo, haciéndoles pasar pruebas de orientación y ayudándoles en los pasos a seguir, en particular para acceder a la educación superior. Por eso recibo regularmente mensajes de entrenadores que me explican cómo completar los expedientes de sus clientes que desean inscribirse en universidades extranjeras. ¡Un entrenador particularmente torpe incluso se ofreció a escribir una carta de recomendación para mí ("solo firma") para uno de mis estudiantes del último año!

El coaching generalmente se diseña como un servicio de alto nivel, como sugiere su nombre tomado del mundo de las grandes empresas y los ejecutivos. En este entorno, de hecho, los servicios de un entrenador se utilizan para reflexionar sobre su plan de carrera, afrontar un nuevo puesto con más confianza o superar dificultades profesionales temporales. Por analogía, el coaching escolar debe ayudar al alumno a reflexionar sobre su orientación, sus prácticas, su motivación ya trazar un camino escolar acorde con su personalidad. Es por tanto un trabajo de escucha e intercambio que a los padres les cuesta hacer por sí mismos.

Los precios van de la mano con este perfil de gama alta: Ionis-tutoring.fr ofrece dos sesiones de prueba y una sesión de entrenamiento individual a partir de 450 euros impuestos incluidos. Objectif Postbac cobra la sesión 95 euros la hora... lo cual no es caro, en comparación con otras actividades, explica la empresa en su sitio:

A modo de comparación, algunos precios: coaching de voz (estudio Lorenzo Pancino): 200 i/h; sesión de cambio de imagen (instituto de belleza en provincias): i245 por una tarde; consulta de psicoterapia conductual (Paris 13): 150 i para H h, con 20 sesiones en promedio; curso de vuelo para la licencia de piloto privado (Aéro-Club de l'Ouest parisien): 164 i/h, con un mínimo de 40 horas; Clase privada de kitesurf (Hérault): 180 i/h.

Es un punto de vista. Esta lista de actividades deja en claro a qué audiencia se dirige. También agradeceremos que el apartado "Cuánto cuesta el coaching por OPB" esté ilustrado con una foto de una tarjeta American Express Centurion, reservada para clientes que gasten al menos 150.000 euros al año.

El punto de venta del coaching es la prueba de personalidad. Muchos estudiantes están indecisos acerca de su orientación. Sin embargo, se les pide que sepan muy pronto y con mucha precisión lo que quieren hacer y que se orienten en una gama cada vez mayor de cursos de formación. En los orales de muchos concursos, desde el bachillerato, se pregunta al candidato cuál es su proyecto de estudio, incluso su proyecto profesional, cuya coherencia el jurado aprecia con los estudios cursados. Muchos jóvenes de diecisiete o dieciocho años, sin experiencia en el mundo laboral, no tienen ni idea. Por lo tanto, pasan pruebas de orientación, con la expectativa de que el mentor les diga: "He examinado tu carácter, tus capacidades y aquí está la preparación que te conviene. Esta confianza está claramente desanimada. Sin embargo, instruir puede ayudar a los niños desde bases especiales. Procedentes en su mayoría del mundo empresarial y convencidos de tener instrumentos preferibles a la Formación Pública, los mentores persuaden con mayor eficacia a los líderes, familiarizados con esta capacidad, por lo que no es de extrañar que el 70% de los tutores de los aprendices formados sean ejecutivos de empresas.7 .

Como puede resultar obvio, ser suplente de François Quesnay no siempre es sencillo. La presión viene de todos lados: tutores, profesores, los mismos estudiantes, que tienen el compromiso de triunfar. Es gigantesco, de vez en cuando insoportable.

En ninguna otra escuela había visto tantos problemas mentales relacionados con la escuela. A los suplentes en clases preliminares también se les ofrecen reuniones de sofrología. A la fuerza de las condiciones, el estrés se convierte en un mercado considerable. Los arreglos que se ofrecen van desde la sofrología hasta la homeopatía, pasando por terapia con agujas y hechizos curativos. Después de haber sido rediseñados, listos y entrenados, aquí están nuestros suplentes des-empujados.

El papel de los beneficios fiscales

Desde 2005, los gastos relacionados con las tutorías se benefician de una reducción fiscal del 50% del importe efectivamente pagado. En 2007 se agregó un crédito fiscal de la misma magnitud para no perjudicar a los hogares que no pagan impuestos. El objeto de esta disposición es promover los servicios a las personas, y por tanto el empleo, y reducir el trabajo no declarado. La deducción tiene un tope. Aumentado considerablemente en la década de 2000, este tope es de 12.000 a 15.000 euros según el número de hijos, lo que permite pagar muchas horas de apoyo. Este beneficio también forma parte de los vacíos fiscales, cuyo monto total está limitado.

La ventaja fiscal juega un papel fundamental en el éxito de las empresas de tutoría, cuyo modelo económico es, a grandes rasgos, el siguiente: cobran 36,50 euros por una hora de clase y pagan al trabajador unos 15 euros, a los que se suman las cotizaciones sociales. El coste salarial para la empresa ronda los 27 euros. El margen de 9,50 euros se utiliza para remunerar a los empleados fijos, pagar oficinas, etc. Lo que queda para los accionistas, por lo tanto, no es muy importante. Para amortizar su estructura y monetizar su saber hacer, estas empresas también se lanzan a los servicios auxiliares (puericultura, por ejemplo). Su supervivencia se vería comprometida si la ventaja fiscal desapareciera. Para los padres, el coste horario es de 18,25 euros una vez deducido el beneficio fiscal. Las alternativas:

ir a un autónomo, pagado en vales de servicio de empleo, que costará un poco menos, por la ausencia de una estructura para pagar, o que se pagará sin declarar. En este caso, el prestador de servicios no paga las cargas sociales ni la CSG (contribución social generalizada) y, por lo tanto, puede ganar un poco más, incluso si los padres pierden la ventaja fiscal. Un profesor diplomado que da una hora adicional de clase cobra unos 37 euros (brutos, pero los cobros de horas extras son muy bajos), un agrégé, 52 euros, un profesor en una clase preparatoria de 71 a 121 euros, según el caso . . Por tanto, es muy difícil que las empresas de tutoría contraten al prestador de servicios que no paga ni las cargas sociales ni la CSG (contribución social generalizada) y, por lo tanto, puede ganar un poco más, incluso si los padres pierden la ventaja fiscal. Un profesor diplomado que da una hora adicional de clase cobra unos 37 euros (brutos, pero los cobros de horas extras son muy bajos), un agrégé, 52 euros, un profesor en una clase preparatoria de 71 a 121 euros, según el caso . . Por tanto, es muy difícil que las empresas de tutoría contraten al prestador de servicios que no paga ni las cargas sociales ni la CSG (contribución social generalizada) y, por lo tanto, puede ganar un poco más, incluso si los padres pierden la ventaja fiscal. Un profesor diplomado que da una hora adicional de clase cobra unos 37 euros (brutos, pero los cobros de horas extras son muy bajos), un agrégé, 52 euros, un profesor en una clase preparatoria de 71 a 121 euros, según el caso . . Por lo tanto, es muy difícil para las empresas de tutoría contratar a un profesor de clase preparatoria de 71 a 121 euros, según el caso. Por lo tanto, es muy difícil para las empresas de tutoría contratar a un profesor de clase preparatoria de 71 a 121 euros, según el caso. Por lo tanto, es muy difícil para las empresas de tutoría contratar profesionales calificados. En el Lycée Quesnay, las tarifas oscilan entre 40 y 60 euros por hora no declarada. Por lo tanto, las empresas de tutoría utilizan principalmente los servicios de estudiantes de grado o máster 1.

Por tanto, no puede decirse que la fiscalidad haya creado el mercado de tutorías. A lo sumo, ha permitido el éxito de unas pocas empresas especializadas, en un mercado hasta ahora pequeño y mal regulado. ¿Ha hecho que la tutoría sea más accesible para las familias de bajos ingresos? Uno podría pensar que sí, porque las empresas son de fácil acceso para quienes no tienen contacto personal entre estudiantes avanzados o profesores. La ventaja fiscal también baja un poco los precios, siempre que renuncies a contratar a un profesor cualificado.

Esta accesibilidad de apoyo es particularmente importante para los estudiantes más jóvenes. En sexto grado, según el estudio de Jean-Paul Caille, la demanda de tutoría afecta a los más débiles, que a menudo son de origen modesto. La capacidad de los padres para ayudar a los hijos es decisiva. Por tanto, son los profesores los que menos lo utilizan y los inmigrantes lo utilizan significativamente más que la media, incluso en el mismo nivel escolar. Los más ricos hacen mucho más uso de la tutoría. Pero, luego, los más pobres recurren a ella un poco más que las clases medias. Esto puede ser visto como un reflejo de la preocupación de las familias que están mal preparadas para manejar las dificultades escolares de sus hijos y la incidencia de dificultades más frecuentes. La idea de la tutoría reservada para los ricos es, por tanto, falsa. Sin embargo, lo que es cierto en sexto grado no lo es en todos los niveles. En el caso de los alumnos de secundaria y, sobre todo, de los entrenadores, la influencia de los ingresos es fundamental.

La ventaja fiscal no es unánime. Una enmienda al proyecto de ley de finanzas de 2010 lo había hecho desaparecer. Más tarde fue restablecido, bajo la presión del gobierno. Una vez en el poder, la izquierda, que había votado en contra del restablecimiento de la ventaja fiscal, no lo ha cuestionado hasta ahora. El apoyo escolar también se benefició de contribuciones a la seguridad social a tanto alzado, declaradas como si el empleado percibiera el salario mínimo. La supresión de esta ventaja en 2013 encareció las clases particulares en unos dos euros la hora.

El argumento de los opositores a la ventaja fiscal que se otorga a la tutoría es evidente: cuesta 300 millones de euros al año, principalmente en beneficio de las empresas más privilegiadas y tutoras. Lo que dijo el diputado de la UMP Lionel Tardy en 2009: "El crédito fiscal, es decir dinero público, se utiliza esencialmente para inflar las ganancias de estas empresas privadas. Estas ayudas fiscales no supusieron rebajas de precios para las familias ni generaron un suministro de alta calidad [8]. Se entiende también el argumento de los partidarios de esta ventaja: se trata de profesionalizar esta actividad y sacarla de la ilegalidad, en beneficio de la Seguridad Social. También señalan que los ingresos por cotizaciones a la seguridad social inducidos compensan en parte el coste de la ventaja fiscal. Con todo, creí poder demostrar que el resquicio fiscal creado por el Estado había hecho prosperar un mercado de tutorías para los más privilegiados. La realidad es mucho más matizada.

Derecho y Ciencias Po juegan al escondite con el sector privado

La tutoría también se realiza después del bachillerato. El modelo de estudios médicos, presentado en la introducción, se ha extendido a otros campos. Muchas empresas privadas ofrecen cursos, pasantías y simulacros de exámenes de derecho, además de los cursos que brinda la universidad. Como en medicina, estos preparados se adaptan a las especificidades de cada universidad. A menudo se hace hincapié en las universidades más reputadas y selectivas, como Paris-II y Aix-en-Provence. Al igual que en medicina, los anuncios de estos preparados empiezan haciendo hincapié en el estudiante y su familia ("el 72% de los estudiantes repiten primer año"), antes de venderles diversos servicios.

¿Por qué la ley? Porque es, junto con la medicina, el único campo en el que la universidad no está (o está poco) interpelada por las grandes escuelas. Por lo tanto, atrae, en mayor número que otros cursos, a estudiantes de entornos adinerados que están dispuestos a invertir en sus estudios. El 36% de los estudiantes de derecho tienen padres ejecutivos, frente al 25% de los estudiantes de economía, por ejemplo. Existe por tanto una demanda solvente. Además, las facultades de derecho adolecen de las mismas deficiencias que las de medicina, si no peores: supervisión de los estudiantes muy débil, año muy corto, cargas de trabajo mal distribuidas, exámenes mal organizados, imposibilidad de hacer preguntas o volver a un aspecto del curso se abre. un verdadero bulevar para la tutoría.

Por su parte, el Instituto de Estudios Políticos de París (más conocido bajo la marca Sciences Po Paris) recluta a la mayoría de sus estudiantes después del bachillerato. Dada la selectividad de la competencia (la mayoría de los candidatos son buenos estudiantes, pero solo uno de cada diez es admitido), los cursos preparatorios, públicos y privados, se han desarrollado a lo largo de los años. Sciences Po deploró este desarrollo, porque cada vez más candidatos estaban haciendo un año preparatorio antes de ingresar al año preparatorio de Sciences Po, en gran parte dedicado a las conferencias sobre conceptos básicos y métodos. Finalmente, en 2010, el instituto decidió reservar la competencia para los bachilleres del año, con el fin de evitar ese paso por la preparación [9].

Como la competencia tiene lugar en septiembre, las prépas también ofrecen pasantías de verano. Por lo tanto, Sciences Po pospuso la competencia para junio... y los estudiantes preparatorios ofrecieron pasantías durante las vacaciones cortas. Finalmente, en 2013, se adelantó el concurso a marzo del último año, lo que facilita los trámites de orientación y los cursos preparatorios ahora están dirigidos a estudiantes de primer año, sin dejar de lado las prácticas y cursos durante el último año. Sea cual sea la fecha del concurso, ya que hay demanda, habrá oferta.

Porque la preparación de las competiciones es el área más dinámica de la tutoría. Un organismo especializado como IPESUP ha ampliado considerablemente su oferta. Prepara para el diploma superior en contabilidad general (DSCG), que luego conduce a la certificación de contador público, exámenes de ingreso paralelos a las escuelas de negocios, exámenes de ingreso a Sciences Po, tanto a nivel de pregrado como a nivel de maestría, exámenes de ingreso a ENA (Escuela Nacional de Administración) e institutos regionales de administración, CELSA (Escuela de Estudios Superiores en Ciencias de la Información y la Comunicación) y escuelas de periodismo, exámenes de ingreso a escuelas de ingeniería, escuelas de negocios y escuelas de posgrado de ingeniería. Seguro que me olvido de algunos. ISTH agrega la Ecole du Louvre y una docena de concursos administrativos. Sin querer parecer despectivos con estos cuerpos de funcionarios, cabe recordar que un inspector de Hacienda comienza su carrera en torno a los 1.450 euros netos al mes incluyendo pluses y un auxiliar de enfermería en torno al salario mínimo. Que haya preparativos privados pagados para estos concursos demuestra que ninguno escapa al fenómeno, siempre que conlleve empleo.

Por supuesto, es porque hay demanda, impulsada por el altísimo nivel de desempleo, que la oferta prospera. Pero la oferta también crea demanda. Como hemos visto en relación con la medicina, lo principal en una competición es ser el mejor preparado. El hecho de que algunos candidatos recurran a una preparación privada adicional prácticamente obliga a los demás a alinearse.

¿En qué sector es posible, en Francia, montar una start-up nada más terminar los estudios y alcanzar una facturación de dos millones de euros cinco años después? En preparación para las competiciones. Cap enseignement supérieur, creado por dos graduados de escuelas de negocios, es un buen ejemplo de un logro brillante. La organización ofrece cursos de auditoría y costos educativos en el hogar antes de las pruebas de selección para escuelas de diseño, facultades de negocios, Sciences Po, etc.

Uno de los problemas es rastrear entrenadores con capacidades de vanguardia y suposiciones de compensación discretas. Cap enseignement supérieur posteriormente recluta a estudiantes que completan su escuela de negocios o diseño, y les ofrece una compensación más alta que el mercado normal (30 euros netos por hora para ilustraciones caseras). Estos jóvenes que aún no se han graduado a menudo necesitan dinero en efectivo (¡particularmente en la escuela de negocios!) y realizan bien los concursos. Según los suplentes, son sostenibles.

Los cursos se cobran en torno a los 60 euros la

hora, un gasto a repartir gracias a la rebaja arancelaria. Los cursos se presentan suntuosos: el lugar de corrección puesto a disposición de los alumnos se adapta impecablemente a este período vital: el Château de Méridon, un palacio del siglo XIX en un parque de siete hectáreas, en el corazón del bosque de Chevreuse. . Los suplentes se benefician de la "preparación mental a la luz de las bases de las bases para las rivalidades de uso de nivel significativo. Este plan de acción es obviamente eficaz.

Internet: ¿ayuda o trampa?

A muchos estudiantes les gustaría que alguien les hiciera la tarea. No es muy moral, pero es humano. Pero la belleza de la economía de mercado radica en que, cuando hay demanda, la oferta no tarda en aparecer. Surgió en 2009, online, bajo el nombre explícito de fairemesdevoirs.com. Lanzado por un graduado de la escuela de negocios, este sitio presentado por su fundador como venta de "consejos de estrategia" ofrecía hacer todo tipo de tareas, desde la universidad hasta la educación superior, en siete disciplinas diferentes. El estudiante escribió el título o escaneó el tema y recibió la tarea de uno a tres días después. El truco del sitio residía sobre todo en su modo de pago: los SMS y el audiotel con recargo permitían a los jóvenes, incluso a los más jóvenes, que no disponían de una tarjeta bancaria, comprar un trabajo sin avisar a sus padres. [10] » [sic]. El equipo "quiere asegurarse de que las generaciones futuras sean mejores que las anteriores, y fairemesdevoirs.com no podrá aportar nada a ello". Fin de la aventura para el hábil emprendedor, ido a ejercitar sus talentos en otras áreas.

Salvo que, con la mayor discreción, se crearon posteriormente otros sitios del mismo tipo. Por ejemplo, expertdevoirs.com ofrece realizar cualquier tipo de encargo, en diversas materias, desde ensayos hasta traducción, por la módica suma de 18,99 euros por página. Los estudiantes y profesores colaboran y proporcionan las respuestas. Los alumnos de François Quesnay son evidentemente clientes ideales. De hecho... Sorprendida por la calidad de ciertas tareas, una profesora de filosofía invirtió en la compra de un ensayo sobre el tema que había dado a sus alumnos. Sin embargo, el sitio da los nombres de las personas que han comprado el mismo tema: sus estudiantes. Ambiente garantizado el día de la entrega de los ejemplares...

Aún más sorprendente, el sitio oficial que administra los servicios de empleo transmite ofertas de trabajo del sitio femontaf.com (apreciaremos la sutileza de este nombre de dominio). En particular, se invita a los profesores a hacer los deberes, la remuneración depende de la nota obtenida por el alumno (www.emploi.services.fr/faismes-devoirs-femontaf). Entre el sector público moral y el apoyo al empleo, los servicios estatales están claramente un poco perdidos.

Una fórmula ligeramente diferente es la venta de tareas completadas, que se agregan a una biblioteca de ensayos, hojas de lectura, presentaciones y disertaciones que se revenden a otros estudiantes. Está dirigido principalmente a la educación superior. Sitios como oboulo.com, AcaDemon.fr o touslesdocs.com compran deberes y los proveedores reciben el 50% de la facturación generada por la venta de sus deberes. Así, en AcaDemon, una presentación sobre "países emergentes" se cobra 5,95 euros (¡garantizado sin plagio!), un TPE [11] sobre "El estudio de la radiación electromagnética de la máquina de Wimshurst", 8,95 euros. Hay disertaciones de maestría en derecho, así como análisis de obras literarias o informes de auditoría de empresas de unas cuarenta páginas.

Estos sitios envían una señal detestable a alumnos y estudiantes: todo se puede comprar, hacer trampa no es un problema. Los estudiantes también entendieron de inmediato las nuevas reglas del juego e intercambiaron consejos en foros en línea: "¿Quién ya vendió en un sitio así? ", "Tengo una memoria y muchas hojas de lectura para vender: ¿dónde ganaré más dinero? ", etc. Esta práctica plantea un grave problema de equidad en la evaluación de los estudiantes. Muchas instituciones han comprado software para detectar plagio. En muchas universidades, el informe de análisis demuestra que la participación de los préstamos es inferior al 10% o 15% de la El texto debe adjuntarse a la tesis antes de la defensa.

Sin embargo, estos programas no son una panacea. Ciertamente, comparan el texto con lo que está disponible en Internet y en la base de datos de la institución. Pero sigue siendo bastante fácil engañarlos, por ejemplo, reemplazando espacios con espacios en blanco de otras fuentes o ciertas palabras estratégicas con sinónimos. Finalmente, el software solo funciona en un idioma. Por lo tanto, siempre es posible obtener una tarea escrita en otro idioma y hacer que la computadora la traduzca (¡controlando muy seriamente la traducción después!). En la era digital, el tráfico de tareas tiene un futuro brillante por delante.

Por lo tanto, las posibilidades de comprar ayudas para tener éxito en la escuela son infinitas. Por supuesto, las clases particulares no transforman al estudiante mediocre y perezoso en un animal competitivo. Pero estos apoyos pueden marcar la diferencia, especialmente cuando unas décimas de punto separan el éxito del fracaso. Su proliferación revela las carencias de las escuelas públicas, el ingenio de la iniciativa privada y la exacerbación de la competencia escolar.

Los padres son prisioneros de esta lógica infernal: ¿cómo negar esta ayuda a sus hijos si tienen los medios para ofrecérsela? Una vez que se firmó el cheque, hicieron lo que pudieron, usaron su posición financiera privilegiada para beneficiar a sus hijos. Esto es comprensible y obviamente no podemos culparlos. Están aún más dispuestos a hacerlo ya que la masificación de las escuelas secundarias ha reducido la ventaja que disfrutaban los niños de entornos privilegiados en el pasado.

Queda la gran mayoría, los que, con la mejor voluntad del mundo, no pueden financiar estos cursos y estos cursos adicionales, que sus hijos ni siquiera se atreverían a pedir.

Capítulo 3 Notas

1. Anuncio de Acadomia, campaña 2013.

2. XERFI, "El apoyo a la escuela de mercado", 2011.

3. John Paul C.AIL, "Clases particulares en el primer año de la escuela media: uno de cada diez estudiantes de sexto grado recibe tutoría paga", Educación y formaciones, n° 79, 2010.

4. CAS, Nota de análisis, no °h 315, enero de 2013.

5. SCOLARAMA, "Cómo ayudarlo a tener éxito en el jardín de infantes".

6. Michael HAJDENBERG, "Mapa escolar: "Tuve que elegir entre mi hijo y mis principios"",

Mediapart, 5 de julio de 2014.

7. Anne-Claudine OLLER, "Entrenamiento escolar en Francia. Surgimiento de un nuevo mercado educativo",

Educación comparada, no °h 6, 2011, p. 181-202.

8. Intervención ante la Asamblea Nacional, 13 de noviembre de 2009.

9. La entrada a bac + 1 sigue siendo posible en la mayoría de las ciencias provinciales Po. El cambio decidido por el IEP de París también decepcionó a ciertos hipokhâgnes públicos, que luchaban contra la

erosión de la mano de obra ofreciendo preparación para Sciences Po.

10. "Faimesdevoirs.com ya está cerrando sus puertas", *Comunicado*, 7 de marzo de 2009.

11. Trabajo personal supervisado, conteo de prueba para el bachillerato, compuesto por una producción y una defensa oral.

4

El descubrimiento del mundo

"Probablemente han nacido un millón de bebés de parejas Erasmus desde 1987 [1].»

P ¿Por qué tantos estudiantes con dificultades en historia o matemáticas obtienen un promedio general honorable en François Quesnay? Porque son buenos en idiomas. Y son buenos en idiomas porque sus familias están bien.

Daniel intenta impresionarme lanzándose a una laboriosa conversación en inglés con su hijo de cinco años. Cuando estaba en la preparatoria, se había perdido las mejores escuelas debido al inglés. Y, como la empresa donde trabaja fue comprada por un grupo estadounidense, sufre el martirio durante las reuniones. Así que aprendió inglés y decidió que su hijo sería bilingüe. Por el momento, este está en jardín de infantes en Beautiful Minds, una escuela Montessori en Courbevoie que es ruinosa para sus padres, pero que es realmente hermosa. Después, será el Colegio Americano de París los sábados y cursos de idiomas durante las vacaciones. Porque no es en la escuela de la República donde uno aprende a hablar inglés. El nivel medio allí es uno de los peores de Europa y se está deteriorando.

En una economía globalizada, el conocimiento de las lenguas modernas cobra necesariamente importancia. El idioma de Shakespeare ocupa un lugar especial desde este punto de vista: las juntas directivas de ciertas grandes empresas francesas tienen lugar únicamente en inglés, idioma que a veces es el de la mayoría de los accionistas; Las revistas científicas francesas se publican en inglés porque los investigadores quieren ser leídos y citados; los cursos en algunas escuelas son en inglés, para atraer estudiantes extranjeros y preparar a los estudiantes franceses para los negocios. Fuera de Francia, el inglés es omnipresente, ya sea en las industrias culturales, en los negocios o en las instituciones.

internacional _ El programa Erasmus, que se supone que debe aumentar la variedad de intercambios lingüísticos, ¿no utiliza el inglés como lengua de trabajo en dos tercios de los casos? La única zona que se resiste es la universidad francesa.

La ley Toubon de 1994 prohibió los cursos de inglés en establecimientos públicos y privados, excepto cuando el hablante fuera extranjero. No siempre ha sido respetada. Su efecto fue limitado en las escuelas de negocios, cuyos profesores son en su mayoría extranjeros (dos tercios, en el caso de HEC - École des Hautes Etudes Commerciales), o en las escuelas de ingeniería (en Centrale Paris, el 25% de los cursos científicos y técnicos se imparten en inglés). Sin embargo, el anuncio de la supresión de esta disposición en la ley de 2013 provocó una protesta, en nombre de la defensa de la lengua francesa. La Academia Francesa protestó, varios académicos de renombre publicaron foros en la prensa. Una vez más se ha puesto de manifiesto el abismo que separa a la Francia empresarial de la Francia académica. Enmarcada por enmiendas parlamentarias, la medida aún se aprueba. Ahora es legal enseñar en un idioma extranjero en la educación superior en Francia. Es probable que esta posibilidad se utilice sobre todo en beneficio del inglés.

Este desarrollo refuerza el carácter estratégico del nivel de dominio del inglés, que ha cobrado importancia en exámenes y concursos. El nivel de inglés sujeto a evaluaciones estandarizadas, principalmente el TOEIC (Test of English for International Communication), el TOEFL (Test of English as a Foreign Language) y el IELTS (International English Language Testing System), que son más exigentes. Las escuelas de ingeniería ahora imponen un nivel TOEIC mínimo (generalmente una puntuación de 750). En los exámenes de ingreso a las escuelas de ingeniería, el peso del inglés no es despreciable: pesa alrededor del 11% tanto en Polytechnique como en Centrale o Mines. Para las escuelas de negocios, es un poco más: en torno al 13%, dependiendo de las trayectorias y concursos, sancionados por escrito y oral. De hecho, el inglés está en todas partes, incluso en concursos para enfermeras, desde 2009, y para maestros de escuela, desde 2006, incluso si puede ser reemplazado por otro idioma vivo.

La prueba de inglés es la más discriminatoria socialmente en los concursos de reclutamiento de las escuelas de negocios. Hasta el punto de que Valérie Pécresse, entonces ministra de Educación Superior, receptora de un informe de la inspección general sobre discriminación social en las competiciones, había estimado que sería necesario reducir el peso [2] y cambiar la naturaleza de la prueba. En la ENA, donde la clasificación de salida sigue siendo decisiva, la prueba de idioma juega un papel fundamental. Y existe una fuerte conexión entre la puntuación del idioma y el comienzo social. Como concede un enarque: "Los dialectos son un recurso importante para incidir en la ENA, y claramente las distintas estancias fonéticas que me ofreció mi familia desde mi más tierna juventud han jugado enormemente[3].»

A nivel de expertos, según una revisión de la Comisión Europea, el 66 % de los jefes europeos consideran que la capacidad en dialectos desconocidos es una regla importante o vital para reclutar graduados. Entre ellos, los franceses son los más descontentos con las habilidades lingüísticas de sus reclutas[4]. Según un estudio de una empresa de contratación, solo el 15 % de los jefes de recursos humanos no prueban a los recién llegados sobre sus habilidades en inglés y la mayoría lo hace desde la reunión principal. Los representantes conocen estas deficiencias. El inglés es también la especialidad más demandada en la preparación profesional, por delante de la superación personal y la informática.

somos los tontos

Prácticamente todos los estudiantes aprenden inglés en Francia. En la escuela primaria, el 76% de los alumnos estudiaban inglés en 2000; hoy son el 93%, en detrimento del alemán. En la universidad, aunque el inglés no es obligatorio, el 95% de los alumnos lo eligen como primera lengua extranjera y los que eligen otro idioma (principalmente el alemán) toman el inglés como segunda lengua.

Pero la importancia de esta lección no se refleja en los medios utilizados. Durante la década de 2000, los tiempos de enseñanza de idiomas modernos se redujeron en las escuelas secundarias y el rendimiento de los escolares franceses en idiomas es bajo. Por primera vez, se llevó a cabo una evaluación internacional de habilidades lingüísticas en países europeos en 2011. Cincuenta mil alumnos fueron evaluados al final del noveno grado o su equivalente en tres habilidades en el primer o segundo idioma moderno. En Francia, los idiomas evaluados fueron el inglés y el español. Los resultados de este estudio comparativo son instructivos: con respecto a las tres habilidades evaluadas, el nivel de francés está muy por debajo del promedio de los trece países evaluados. [5]. El sistema francés suele ser criticado por no dar suficiente espacio a la palabra hablada y por priorizar la gramática. De hecho, es en la expresión escrita donde el nivel es el menos malo. Pero sigue siendo significativamente más bajo que el de otros europeos. La brecha se amplía cuando pasamos a la comprensión lectora y se hace abismal en la comprensión oral, con menos del 15% de los alumnos con un nivel satisfactorio.

Las instrucciones oficiales de 2008 especifican que "al finalizar el CM2, los alumnos deben haber adquirido las habilidades necesarias para la comunicación elemental definida por el nivel A1". Por lo tanto, el Ministerio establece como objetivo al final de la escuela primaria un nivel que aún no ha sido alcanzado por aproximadamente el 40% de los estudiantes de secundaria al final del tercer año, siguiendo la costumbre de establecer objetivos sin preocuparse por su realismo. En cuanto a la "base común de competencias" que supone fijar el nivel básico exigido a cada estudiante universitario, sólo la alcanza una cuarta parte de los estudiantes, quedando los demás al pie de la base.

otra encuesta [6] permite una comparación, esta vez en el tiempo. Al final del noveno grado, se preguntó a los alumnos sobre diversas habilidades en 2004 y 2010. Debido a la generalización del aprendizaje de idiomas en CM1, luego a toda la escuela primaria a principios de la década de 2000, debería haber habido un progreso significativo. Sin embargo, observamos casi lo contrario en la comprensión oral (encontramos más alumnos con dificultades y menos alumnos buenos). En cuanto al dominio de la escritura, hay poca evolución, pero aumentan las diferencias de nivel entre los alumnos con dificultades y los mejores.

No discutiremos aquí las razones de este bajo

rendimiento, que ciertamente no son atribuibles únicamente a la escuela. Por ejemplo, juega un papel importante el hecho de que las películas y series americanas se emitan en versión original en muchos países. Pero cabe señalar que se ha ampliado la brecha entre los resultados de los establecimientos públicos y los de los establecimientos privados, en beneficio de estos últimos . Esto se debe principalmente al colapso de las habilidades lingüísticas en la educación prioritaria. Sin embargo, si hay un ámbito en el que el nivel medio del colegio influye en el progreso de los alumnos es el de idiomas, ya que la enseñanza se basa en gran medida en la discusión en clase. La forma en que se introdujo el aprendizaje del inglés en la educación primaria explica en parte la desigualdad en el desempeño.

Los padres son muy conscientes de que la enseñanza de idiomas no alcanza los objetivos fijados y de la importancia de las habilidades lingüísticas. Sobre todo porque, en su vida profesional, los adultos suelen sufrir sus propias dificultades para expresarse en inglés y subestiman su nivel, como demuestran varias encuestas. Por lo tanto, buscarán fuera de la escuela los medios para dar a sus hijos un buen nivel de idiomas, en particular, en inglés.

Los idiomas son más fáciles de aprender cuando eres joven, especialmente la pronunciación. "Nuestra escuela ofrece un ambiente bilingüe y brinda a los niños dos idiomas en cada clase todos los días", especifica el archivo de presentación de Beautiful Minds, las escuelas Montessori que operan en Courbevoie y Puteaux, en la región de París. Los padres dispuestos a dar desde el primer momento la mejor formación posible en inglés a sus hijos acuden a esta escuela, que acoge a niños de dos a seis años. Daniel es ingeniero industrial. Se gana la vida dignamente, pero la inversión es fuerte: 585 euros al mes durante doce meses. Él y su esposa hicieron este sacrificio porque se sienten débiles en inglés y están convencidos de que dominar este idioma puede marcar la diferencia para su hijo. No son los únicos: un estudio sobre tutorías en sexto grado muestra que, cuando los padres de alumnos débiles o promedio compran tutorías para sus hijos, generalmente es en francés y matemáticas. Pero los padres de buenos o excelentes alumnos invierten sobre todo en apoyo en inglés [7], un material que es bien percibido como la forma de marcar la diferencia.

Mejor aún, es posible inscribir a su hijo en una universidad bilingüe. Hay diez universidades y escuelas secundarias bilingües privadas en París, unas veinte en total en la región de París. El aprendizaje generalmente comienza en el jardín de infantes. A menudo son instituciones no contractuales y, por lo tanto, costosas.

Citemos el American School of Paris, con precios desorbitados: las tasas de matrícula ascienden a 30.000 euros al año en secundaria y bachillerato, a lo que hay que añadir una contribución al mantenimiento del campus, pagada una sola vez, de 10.380 euros al año. niño, derechos de inscripción inicial de 1.070 euros y derechos de seguridad, recaudados desde los atentados del 11 de septiembre de 2001, de 700 euros. Este precio excepcionalmente alto para Francia está ligado a las instalaciones, espaciosas y con tecnología de punta, a los servicios (instalaciones deportivas, comida a elección, múltiples actividades artísticas), en beneficio de una enseñanza que sigue los usos de los planes de estudio estadounidenses... Sin embargo, es posible mejorar tu inglés desde la guardería, realizando un curso semanal por 1.280 euros al año.

Por supuesto, otros establecimientos tienen un enfoque más modesto y costos más bajos, al tiempo que brindan a los estudiantes un buen nivel de capacitación en idiomas. Uno de los más baratos, el activo colegio bilingüe Jeanine Manuel de París, por ejemplo, cuesta 1.800 euros por trimestre, desde sexto hasta último curso. Hay un suplemento para aprobar el Bachillerato Internacional. Vale la pena detenerse en este último. Contrariamente a lo que su nombre podría implicar, el Bachillerato Internacional es un diploma privado, creado por una fundación. No siempre reconocido en Francia por razones administrativas, sin embargo da acceso a las Grandes Ecoles. Muy original, requiere la elaboración de una disertación, un estudio crítico de la producción científica y un trabajo en varios idiomas. Actualmente, se preparan 3.400 establecimientos en todo el mundo, incluidos once institutos en Francia (instituciones privadas de muy buena calidad, a menudo muy caras). Cabe señalar, sin embargo, que los únicos colegios públicos que aparecen entre los cincuenta mejores son dos establecimientos bilingües, que seleccionan a los estudiantes, mediante un examen en el caso del colegio francoalemán de Buc y en el expediente o en una prueba en el colegio internacional. colegio de Saint-Germain-en-Laye.

¿Por qué los estudiantes de Quesnay son buenos en idiomas? Omití la respuesta más simple, que uno de mis alumnos me recuerda en tono de evidencia:

— Todos mis amigos cuyos padres han contratado au pairs de habla inglesa son bilingües . A las au pairs solo se les exige que hablen a los niños en inglés y cuando llegan a la edad de ocho o nueve años les está yendo muy bien.

— ¿Es este tu caso, Laurence?

— No, responde ella, un poco disgustada. Mi madre llevaba africanos, un colombiano... y cambiaba cada dos años.

Por lo tanto, Laurence está en desventaja por el tropismo del Tercer Mundo de su familia. Tranquilicemos al lector de todos modos: esta estudiante, que también es adorable, habla un inglés excelente, que actualmente está perfeccionando en Canadá.

Una au pair, como en las novelas del pasado. Después de todo, él

" suficiente " para tener una habitación libre en su piso, situado en una gran ciudad universitaria, para alimentar una boca más y para dotar a la estudiante de al menos 80 euros de bolsillo a la semana. Evidentemente, estamos lejos de los medios que la Educación Nacional pone a disposición de los alumnos: se dedican dos o tres horas de clase por semana al estudio de cada idioma, parte de las cuales pueden ser con ayudantes de lengua materna inglesa, que conversan con quince alumnos. . .

Los viajes escolares realizados como parte del establecimiento pueden proporcionar un suplemento modesto. Difícilmente pueden exceder de unos pocos días en horario escolar, pero en ocasiones se prolongan hasta dos semanas, desbordándose en las vacaciones. Desde hace varios años, la organización de estos viajes se ha topado con normas jurídicas delicadas en materia de financiación. Los profesores de idiomas también se quejan de que no se reconoce de ninguna manera el arduo trabajo de preparación y supervisión que implican estos viajes. Por el contrario, son acusados por sus compañeros de perturbar el desarrollo de las clases. Por lo tanto, todo conspira para que estos viajes sigan siendo excepciones. A lo sumo pueden dar una idea de la cultura del país visitado.

Cursos y estancias lingüísticas en abundancia

Simplemente dé un paseo por Londres o tome el Eurostar en julio para ver que los viajes de idiomas a Inglaterra están floreciendo. A pesar de los salarios muy bajos, alojar a jóvenes europeos, a menudo franceses, también es una importante fuente de ingresos para muchas familias de bajos ingresos en el área de Londres. Estas estancias, inmersas en familia o en grupo, resultan caras: hay que contar unos 1.500 euros mínimo en Reino Unido durante dos semanas, transporte no incluido. Una estancia de la misma duración en Estados Unidos costará fácilmente 4.000 euros.

Tal inversión está reservada para las familias que tienen los medios, pero también que perciben la importancia de la misma y saben cómo comunicársela a sus hijos. Cuando son jóvenes, difícilmente acceden a ir solos. Para ayudar a los padres a convencerlos, el "Inglés + deporte" o "Inglés + aventura" son ofrecidos por organizaciones especializadas, lo que aumenta el costo del curso y reduce su efectividad. Son especialmente las familias más favorecidas las que envían a su hijo a la inmersión, la fórmula más eficaz. Hablar un inglés perfecto es una necesidad para ellos; los medios para lograr esto no son discutibles. Porque el inglés es una disciplina especial. Tres semanas en familia valen tanto o más que un año de curso. Estamos de acuerdo en que tal resultado sería muy difícil de reproducir en matemáticas o geografía. Por lo tanto, no sorprende que las estancias lingüísticas amplíen significativamente las brechas en el dominio del inglés entre los jóvenes, en beneficio de los más favorecidos.

Por supuesto, es aún más efectivo residir y ser educado en un país anglosajón. El caso más frecuente es el de los alumnos cuyos padres han estado expatriados durante unos años por motivos profesionales. Suelen ser ejecutivos (siete de cada diez expatriados) o líderes empresariales. La expatriación afecta principalmente a los empleados jóvenes, sobre todo si tenemos en cuenta el voluntariado internacional en empresas, reservado a los menores de 20 años.

ocho años Por lo tanto, no es raro que los expatriados se encuentren con su cónyuge en el extranjero, lo que "produce" hijos que a menudo son bilingües y biculturales. En un instituto como el François Quesnay, también nos llama la atención el elevado número de alumnos bilingües, porque uno de sus padres es extranjero o porque se han criado en parte en el extranjero, la mayor parte del tiempo en un país de habla inglesa. Según el estudio realizado periódicamente por el portal de expatriación de Mondissimo (www.mondissimo.com), el 56% de los expatriados conoció a la persona con la que vive durante su expatriación. El azar, por tanto, hace bien las cosas, lo que aumenta el grado de internacionalización de las élites y la ventaja competitiva que de ello se deriva. Como canta Gérard Manset: "Dicen que el amor es ciego, pero hay que creer que ve.»

El dominio de los idiomas modernos, especialmente el inglés, es por tanto un factor esencial de discriminación por origen social y dinero. Los niños de entornos privilegiados son mejores en inglés, gracias a las ventajas que les da su familia para mejorar en esta materia. En un contexto donde la Educación Nacional lucha por brindar capacitación en idiomas, donde el dominio del inglés está ganando importancia en la selección de escuelas y para el acceso al empleo, el impacto de esta ventaja es cada vez mayor.

Durante una entrevista con la madre de un alumno, me confió que su hija se tomó un año sabático entre noveno y segundo en Escocia, porque es una tradición familiar: su padre, su tío, su hermana mayor hicieron lo mismo y todos lo hicieron. bien. "Es muy gratificante", agrega. Al escucharlo, no puedo evitar pensar en Bourdieu. El capital cultural, escribe el sociólogo, "cuesta tiempo y tiempo que hay que invertir personalmente [8]". ¿En qué ámbito social, en efecto, aceptaremos extender el tiempo escolar un año para salir mejor armados, porque ya estamos abiertos al vasto mundo?

Durante mi primer año en el Lycée François Quesnay, llené más solicitudes de admisión a la educación superior en Canadá, Estados Unidos o el Reino Unido que durante el resto de mi carrera. Me he convertido en un especialista en UCAS (Servicio de Admisiones de Universidades y Colegios), sé aproximadamente qué estudiantes tienen probabilidades de ser llevados a HEC Montreal o Warwick Business School y escribo cartas de recomendación al estilo del país, elogiando el profundo compromiso ("gran implicación") y los rendimientos académicos sobresalientes ("rendimientos académicos excepcionales") de mis buenos alumnos, porque la hipérbole es la regla en las cartas de recomendación anglosajonas. En general, les animo a que prueben la aventura cuando se lo planteen, porque aún así podrán obtener el máster que les falta a su vuelta si su diploma anglosajón no les alcanza, y tendrán una ventaja evidente en el idioma. , en la gestión de las relaciones interculturales y habrán aprendido a desenvolverse en contextos alejados del entorno muy protegido en el que crecieron. Esta convicción se afirmó cuando algunos volvieron a verme después de un año en el extranjero: más maduros, más seguros de sí mismos, encontraron quiénes eran y qué querían ser. Una cuarta parte de la producción francesa se vende fuera de las fronteras. Por el contrario, compramos en el extranjero una cuarta parte de lo que consumimos. Empresas establecidas en el extranjero o absorbidas por empresas extranjeras. Los congresos científicos son casi todos internacionales. La mitad de nuestras leyes provienen de directivas europeas, adoptadas después de largas negociaciones... en inglés. Ochenta millones de turistas extranjeros vienen a Francia cada año. En consecuencia, nuestras actividades, nuestras profesiones, nuestro futuro están indisolublemente ligados al resto del mundo.

Este es diverso. La idea de una sociedad mundial unificada es falsa, aunque las grandes capitales, vistas a través de aeropuertos, tiendas de lujo y hoteles, puedan parecerse. Cada país mantiene su cultura, sus tradiciones, su sistema social. El conocimiento, no solo del idioma, sino también de países extranjeros es, por lo tanto, importante en un número creciente de profesiones y siempre lo será. Sin embargo, este conocimiento solo se puede adquirir yendo allí.

Escuelas globalizadas y Erasmus al rescate

Las primeras que han entendido esto son las escuelas de negocios. Se necesita al menos una pasantía en el extranjero, dos en algunas escuelas, para validar su diploma. Casi siempre es posible seguir un año completo de estudio en una escuela asociada, o incluso un año sabático en el extranjero. De hecho, las escuelas están multiplicando las asociaciones con escuelas de otros países para facilitar estos intercambios y la obtención de dobles diplomas. HEC emite así diecisiete dobles titulaciones, nueve de las cuales son en colaboración con establecimientos extranjeros. Estos dobles diplomas enriquecen el currículum vitae de los alumnos y demuestran su capacidad de adaptación a un entorno extranjero.

Las escuelas también compiten en voluntarismo en este sentido: cada una afirma que lo internacional es su fuerza, su especificidad, su identidad, su "ADN". Los más grandes a menudo han abierto campus en el extranjero. ESSEC (Escuela Superior de Economía y Negocios) está presente en Singapur; ESCP Europe opera en cinco campus (París, Londres, Berlín, Turín y Madrid); EM Lyon se ha establecido en Shanghai, EDHEC (Ecole des Hautes Etudes Commerciales) en Londres y Singapur, etc.

Las escuelas de ingeniería han seguido el ejemplo no sin cierto retraso, pero a veces con entusiasmo. Centrale Paris ha abierto un campus en Pekín, que forma ingenieros trilingües en seis años, otro en Hyderabad (India) y próximamente abrirá sus puertas una École Centrale Casablanca. Una pasantía de un semestre en el extranjero es obligatoria y todos los estudiantes aprenden al menos dos idiomas. En la École Polytechnique, el 85 % de los estudiantes se quedan en el extranjero (una media de nueve meses) y casi la mitad pasa todo el cuarto año en una universidad extranjera.

Los IEP (Institutos de Estudios Políticos) y los institutos católicos también se han internacionalizado: prácticas obligatorias en el extranjero, dobles diplomas, asociaciones. Sciences Po Paris ha jugado un papel pionero en esta área. Cuando la transición de tres a cinco años de escolaridad se ha vuelto inevitable. A principios del año escolar 2000, se introdujo un año en el extranjero (lo que también permitió ampliar las limitadas capacidades de acogida de la rue Saint-Guillaume).

También es posible hacer que el mundo venga a ti. En las escuelas de negocios, la influencia de los estudiantes extranjeros favorece la aclimatación a otras culturas. Así, el 12% de los estudiantes en Francia, pero el 20% de los estudiantes de las Grandes Ecoles, o 48.000 estudiantes, son extranjeros. En Sciences Po Paris, la proporción de extranjeros alcanza incluso el 42%. Parte de los cursos se imparten en inglés, tanto para poder acoger a estos alumnos extranjeros como porque algunos profesores, cuando no es la mayoría, lo son. Queda la universidad, todavía poco vuelta hacia el exterior. Existe una posibilidad muy interesante desde hace veinticinco años a través de Erasmus, también accesible a estudiantes de las Grandes Ecoles o en STS (sección de técnicos superiores). El programa pretende promover prácticas o periodos de estudio en otros países de la Unión Europea y, desde 2014, fuera de la UE. Cada año, se trata de un poco más de 30.000 estudiantes franceses, que van en su mayoría a España y el Reino Unificado. Uno de cada cinco ocupa un puesto de nivel de entrada allí y cuatro de cada cinco revisan allí. Este es claramente un número discreto: se dirige a menos del 1,3% de los estudiantes universitarios, una tasa varias veces menor que la de los estudiantes universitarios de las Grandes Ecoles que viajan a otro país. Suponiendo que todo el mundo permanezca como suplente durante mucho tiempo en general, solo uno de cada diecisiete se irá, un semestre o un año, dentro de la estructura de Erasmus... incluidos innumerables estudiantes de las Grandes Escuelas. Obviamente, no todos los suplentes son equivalentes de esa manera. Otra disparidad proviene del perfil de los becarios que pasan por Erasmus. El suplente común es "un suplente en el tercer año de una educación universitaria de cuatro años en derecho, sociología o humanidades, con algo así como un padre que se ha concentrado en la educación avanzada y cuya familia es algo rica", muestra una nueva encuesta.9. La financiación europea paga a un becario Erasmus un estipendio que va de 100 a 300 euros al mes (de 130 a 350 euros al mes para un trabajo temporal). El todavía en el aire por un consejo de administración elegido, específicamente según las reglas sociales. En cualquier caso, teniendo en cuenta estas guías (en fuerte caída), Erasmus es visto como demasiado caro por el 55% de los estudiantes consultados. Los imperativos monetarios son también la principal explicación que se da para no viajar a otro país. La expansión del 40 % en el plan financiero Erasmus+ para el período 2014-2020, cuando el programa se vio socavado por limitaciones monetarias, afectó la cantidad de premios.

Finalmente, para los estudiantes adinerados, pasar algunas semanas de verano en los Estados Unidos tomando cursos antes de regresar a Francia con un diploma estadounidense es una forma rentable y agradable de usar su tiempo de vacaciones. Los programas de verano lo permiten. Es cierto que los reclutadores se hacen pocas ilusiones sobre el valor de los diplomas emitidos después de un período de formación tan breve. Todavía sirven para llenar un CV con un título de Stanford o Berkeley obtenido a bajo costo (por así decirlo) y para descubrir un país. Son muy populares. Por el contrario, las Grandes Ecoles francesas acogen a muchos estudiantes extranjeros en este contexto, porque esta importante fuente de ingresos adicionales amplía el período de uso de sus equipos.

La gran (y costosa) partida

La proporción de estudiantes de secundaria que se van para la educación superior en el extranjero es mucho mayor en los barrios de lujo. En cada clase, tres o cuatro estudiantes continúan su educación en otros lugares, en particular en universidades británicas y canadienses, estas últimas generalmente tienen la ventaja de permitir que los estudiantes tomen sus exámenes en francés el primer año, el tiempo de aclimatación. Otros asisten a las excelentes escuelas hoteleras suizas. Prestigiosas universidades americanas son en cambio consideradas para una maestría o posgrado. Una encuesta realizada en 2013 por el IFOP (Instituto Francés de Opinión Pública) lo confirma: el 77% de los estudiantes con padres ejecutivos o profesionales intermedios, frente al 49% de media, planea estudiar al menos parcialmente en el extranjero.

Salir, es cierto, no es fácil. Tienes que considerar, a los dieciocho años, encontrarte solo, tener que hablar un idioma extranjero, incluso durante los exámenes, poder dominar los códigos de una cultura diferente. Se necesita determinación y confianza, así como el apoyo de su familia. Estos ingredientes se encuentran más fácilmente en los círculos favorecidos, a imitación de la clase media alta. El mundo siempre ha sido el patio de recreo de este grupo social. No son raros los primos al otro lado del Atlántico, el Canal o el Rin. La presencia de niñeras y au pairs extranjeras asegura el dominio temprano de idiomas extranjeros y la familiaridad con ciertas culturas, especialmente la cultura anglosajona. Los estudios secundarios a veces se realizan en el extranjero, en colegios suizos o ingleses. Los establecimientos privados que acogían a la alta burguesía, como la École des Roches de Normandía, también eran muy cosmopolitas.

Este modelo se está extendiendo gradualmente a las clases medias altas. Las familias allí a menudo tienen una amplia experiencia en países extranjeros, cultivada durante intercambios de idiomas, pasantías o transferencias profesionales. Generalmente positiva, esta experiencia lleva a los padres a presentar la expatriación bajo una luz favorable ya desdramatizarla. En lugar de retener a sus hijos, por miedo a lo desconocido, a la distancia, a no poder ayudarlos, que es el reflejo en la mayoría de los entornos, los padres de entornos privilegiados los animan a irse o, al menos, a considerar esta salida. de una manera más positiva. Como resultado, los niños de entornos privilegiados a menudo se acercan al exilio con una confianza de la que otros carecen. Febrero es el mes en que se deciden las prácticas de tercer año en el extranjero en Sciences Po y en las escuelas de negocios. Mis antiguos alumnos que estudian allí publican su destino en Facebook: Tokio, Nueva York, Delhi... nada les asusta, sobre todo porque a menudo tienen allí contactos familiares, a los que no necesariamente buscarán, pero que aseguran.

En los países populares entre los estudiantes, la educación superior es generalmente más cara que en Francia, donde el modelo gratuito conserva una cierta fuerza y donde los mecanismos para financiar estudios pagados están, en consecuencia, poco desarrollados. Sin embargo, el costo adicional debe evaluarse en relación con una preparación prácticamente idéntica. No se garantiza que el aprendizaje en HEC Montréal cueste más que una escuela de negocios en Francia, debido a los arreglos actuales entre Quebec y Francia. Los gastos de formación en la London School of Finance son de 10.200 euros al año a nivel de pregrado, que no es muy diferente a lo que cuesta el BBA (single guy in business organization) y otras escuelas con costes de planificación coordinados. Además, los estudiantes franceses están calificados para becas similares a las de los ingleses.

Por otra parte, los expertos en ciencias, que otorgan un título percibido universalmente en un año, son costosos: más de 60 000 euros en la London Business College, entre 20 000 y 40 000 euros por año para una certificación de ingeniería de software en el MIT (Massachusetts). Foundation of Innovation), 40.000 euros cada año en Harvard Clinical School. Esto es más que los jefes más costosos transmitidos por las escuelas francesas. También se organizan escuelas de alojamiento suizas para estudiantes con abundantes recursos: cuesta 122.750 euros durante bastante tiempo en Lausana y 149.000 euros en Glion durante siete semestres; números

" completo ", sin duda, pero que siguen siendo confusos. La industria de viajes francesa puede reclutar a sus jefes entre los antiguos alumnos de las Grandes Ecoles que han seguido una especialización en el consejo de administración, presentado por ejemplo por EM Lyon. Pasar por Suiza, por lo tanto, tiene el beneficio fundamental de mantenerse alejado de la interacción de elección en la entrada a las Grandes Ecoles, mientras le proporciona un certificado de renombre. A las tasas de matrícula hay que sumar el coste de la vida en el lugar y el de los desplazamientos. Las oportunidades de financiación son generalmente mayores que en Francia; las escuelas ayudan activamente a sus alumnos a movilizarlos.

Nota: saber cuánto cuesta una escuela de francés es a veces una carrera de obstáculos. A menudo, debe completar una hoja de información para que le envíen un enlace o un folleto brillante que le informe sobre las tasas de matrícula, o incluso comunicarse directamente con la escuela. Por el contrario, la mayoría de las instituciones extranjeras publican una lista de tarifas precisa y completa accesible con un solo clic para todos los cursos. Esto refleja una actitud mucho más relajada hacia el costo de la educación en los países anglosajones o en Suiza.

Una experiencia rentable

¿Por qué irse? El nivel de estudios en Francia es bueno, sobre todo en formación selectiva. Entre mis alumnos que han pasado un semestre o un año de estudios en el extranjero, muchos creen que los cursos son de mejor nivel en Francia. Francia también está muy bien posicionada entre los lugares para estudiar, debido a la variedad de cursos de formación de alto nivel y la buena opinión de los empleadores sobre los diplomas franceses. Comparando las ciudades donde estudiar, la firma de investigación británica Quacquarelli Symonds sitúa a París a la cabeza, por delante de Londres y Boston, ¡por favor! Lyon y Toulouse también se encuentran entre las cincuenta mejores ciudades del mundo.

Sin embargo, ir al extranjero te permite mejorar tus habilidades lingüísticas e integrarte en el extraño mundo de las escuelas internacionales. Por supuesto, este mundo es fuertemente anglosajón, pero cada vez hay más asiáticos, especialmente en el Reino Unido y Australia. A menudo se trata de estudiantes que han pasado por internados. Dejaron a su familia ya veces a su país hace mucho tiempo, viajan entre varias culturas y miden la importancia de la solidaridad entre pares. Esto crea una cultura y un estado de ánimo muy diferentes a los de las escuelas francesas, especialmente porque las universidades anglosajonas dejan mucho espacio para la iniciativa y la responsabilidad individual.

A nivel de maestría, las Grandes Escuelas francesas se inspiran mucho en este modelo. De vuelta en

Francia para preparar su máster, el alumno que haya realizado un bachillerato en un país anglosajón se familiarizará con este ambiente cosmopolita, seguirá los cursos en inglés sin la menor dificultad y utilizará la red internacional que se habrán edificado. .

Quienes completan toda su educación en el extranjero a menudo se benefician de comenzar su carrera allí. Muchas empresas se establecen en varios países, ya que los intercambios entre empresas pertenecientes a un mismo grupo multinacional representan el 40% del comercio mundial. Por lo tanto, la cuestión de la gestión intercultural se vuelve central; una cosecha doble da una ventaja considerable.

Este análisis objetivo debe complementarse con datos psicológicos intangibles que me impactaron mucho. Quienes se marchan a menudo desean escapar de un entorno familiar y social un tanto asfixiante, en lugares marcados de un grupo social restringido. El aire del mar abierto las transforma de una forma siempre positiva y en ocasiones espectacular. Le pedí a Amélie que me sirviera como informante sobre la vida en los campus de inglés, ya que confío en su juicio. La encuentro transformada por su año de exilio. Ha mantenido un estilo discreto, pero ha adquirido una gran seguridad en sí misma y se proyecta al futuro con mucha determinación y ganas. Su lado algo vacilante ha desaparecido por completo. Me impresiona cuando me explica que se ha comprometido a recopilar un directorio de los franceses que han pasado por su universidad y a reunirlos,

Finalmente, viajar al extranjero durante tus estudios te da una ventaja competitiva en el mercado laboral, al menos para acceder a trabajos calificados. En las funciones ejecutivas de las grandes empresas, la ventaja es considerable. Una inmersión real, de varios años, también da un acceso mucho mejor a los mercados laborales extranjeros. Los estudiantes de Grandes Ecoles se benefician mucho más que los de las universidades. Esta ventaja es también una función del origen social. Irse es caro: solo una pequeña minoría de la población puede permitirse pagar este tipo de educación para sus hijos. Necesitas un buen nivel de lenguaje, que hemos visto depende mucho del entorno familiar. También hay que lanzarse a lo desconocido, que es mucho más fácil cuando se está acostumbrado, desde la infancia, las vacaciones y estancias lingüísticas en el extranjero y cuando los padres animan a la salida. En todos los sitios especializados, estudiar en el extranjero se presenta como una inversión; todavía es necesario tener los medios para invertir.

Capítulo 4 Notas

1. COMISIÓN VSE EUROPEA, septiembre de 2014 (nota de prensa).

2. Entrevista en L'Express, 28 de septiembre de 2010.

3. Entrevista en Jean-Michel EYMERI, La Fabrique des énarques, Economica, París, 2001, p. 189.

4. VSCOMISIÓN EUROPEA, Percepción *de los empleadores sobre la empleabilidad de los graduados*, Eurobarómetro Flash, noviembre de 2010.

5. Bélgica, Bulgaria, Croacia, España, Estonia, Francia, Grecia, Malta, Países Bajos, Polonia, Portugal, Eslovenia y Suecia ("Encuesta SurveyLang", en Nota informativa, n° 12.11, Ministerio de Educación Nacional, junio de 2012).

6. DEP, "Habilidades de los estudiantes en la comprensión de lenguas extranjeras modernas al final de la escuela secundaria", Nota informativa, n° 12.05, abril de 2012.

7. John Paul C.AIL, "Lecciones particulares en el primer año de la universidad", loc. cit.

8. Peter BOURDIEU, "Los tres estados del capital cultural", Actas de investigación en ciencias sociales, núm. 30 de octubre de 1979.

9. Annick BONNET, "Movilidad de estudiantes

Erasmus. Aportes y límites de los estudios existentes", CIEP, marzo -25-años-erasmus.pdf.

5

¡Después del bachillerato, TSF (todo menos la universidad)!

"Los beneficios de pertenecer a un grupo son el fundamento de la solidaridad que los hace posibles. [1]."

VS cómo sigue _ del y udes s superior quien yo no a a Bueno em trabajo cuando tienes un nivel educativo frágil? Vimos al comienzo de este libro que el desvío hacia el exterior permitía a veces sortear la feroz selección que impera en ciertas disciplinas, siempre que se pudiera financiar esta costosísima solución. Sigue siendo más fácil integrar las escuelas privadas, con matrículas altas, lo que limita fuertemente el número de sus candidatos y su selectividad.

Cuando trabajaba en una escuela secundaria de clase trabajadora, apenas oía hablar de estas escuelas. Desde que estaba en el Lycée Quesnay, me di cuenta de que las escuelas de negocios con una preparación integrada, poco selectiva, pero que conducen en cuatro o cinco años a diplomas bien recibidos por los empleadores, son la primera salida para los estudiantes de ES. Incluso es una salida predeterminada para aquellos que no están seguros de lo que quieren hacer. En menor escala, la misma tendencia se puede observar en las escuelas de ingeniería.

El logro ayudando, el tema del gasto significativo de estas escuelas nunca es mencionado por los estudiantes. A menudo no tienen ni idea del costo o incluso piensan que sus padres probablemente no tendrán la opción de asumir el costo. Durante las conversaciones de dirección, generalmente soy yo quien plantea el tema primero... con frecuencia con la increíble ayuda de los guardianes, para quienes es claramente un componente importante, pero que ni siquiera jugarían con la posibilidad de hacer referencia a él, para no parecen ir en contra del progreso de sus jóvenes por economía.

Bien informados, los tutores suelen dudar en tomar esta decisión, ya que conocen el nivel académico humilde de estas escuelas. Para los estudiantes fuertes (los generalmente buenos no están interesados en estas escuelas), animo a centrarse en las mejores escuelas e ir a prepararse en caso de que no se tomen en las mejores. A los estudiantes promedio, no tengo nada que decir, porque ninguna otra escuela dentro de su alcance les da una entrada tan buena para trabajar como estas escuelas, incluso ubicadas en la parte inferior de la posición.

¿Qué estudiantes para qué escuelas?

Es un misterio: todos los años, alumnos con graves deficiencias, sobre todo en la expresión oral y escrita, acceden a prestigiosas escuelas como ESSCA (Ecole Supérieure des Sciences Commerciales d'Angers), ESG (Graduate School of Management) o la BBA de ESSEC, a pesar de habiendo apenas obtenido el bachillerato. Nuevamente este año, el más débil de mis estudiantes que ingresaron a ESG tuvo un promedio de 8.8 en el último año y 10.2 en el bachillerato. Podemos decir que este examen se ha convertido en un paseo por el parque, para algunos es más difícil de obtener que el examen de ingreso a la escuela. Sin embargo, los gravísimos datos publicados por L'Étudiant muestran que la media en el bachillerato de los alumnos de estas escuelas es bastante buena: 12,77 para ISTEC (Escuela Superior de Comercio y Marketing), 13, 25 para IPAG (Instituto de Preparación para la Administración General), 13,37 para EBS (European Business School), 13,7 para ESSCA, 13,74 para ESCE (Escuela Superior de Comercio Exterior) , 13,95 para ESG, 14,56 para IESEG (Institute of Scientific Economics and Management). ¿Cómo explicarlo?

En 2010, tuve una larga discusión con un estudiante y su madre. Quería aprobar el examen de Acceso para poder integrarse al IESEG. Ella hubiera preferido que él hiciera una preparación, que él tenía los medios para llevar a cabo. Claramente, esta calificada madre le dio un valor formativo a la preparación, a su alto nivel, a su rigor, a las sólidas bases de cultura general que allí se adquieren. De mala gana, planteó la cuestión del costo de una escuela en cinco años.

"Tienes los medios para pagar", dijo su hijo en voz baja. "Pero tú no estás solo. También están tus dos hermanos", recordó. Ganó su caso y pasó su competencia. El resto de la historia ? Vi a mi alumno recientemente en una tienda, donde vendía zapatos, para ocuparse antes de una pasantía. Después de pasar un semestre en Mumbai y validar un título indio, se estaba preparando para completar un MBA en Perú. "Así, me dijo, tendré un diploma en francés, uno en inglés y otro en español. Claramente no había perdido su tiempo. A sus padres les habría costado un poco menos si él hubiera ido a la escuela preparatoria y probablemente habría obtenido una escuela de mayor calificación. Se había ahorrado dos años de intenso trabajo y estrés y el riesgo de perderse sus competencias, que aún existe. Sabía que estaba tomado incluso antes de aprobar el bachillerato y, por lo tanto, tenía todas las posibilidades de ir a la maestría sin problemas. Podemos predecir una buena carrera para él, pero probablemente menos buena que si hubiera entrado en HEC o ESCP Europe.

Por lo tanto, hay dos tipos de estudiantes en las escuelas privadas de posgrado: estudiantes bastante promedio, que tendrían pocas posibilidades de ingresar a las escuelas después de un curso preparatorio y la mayor dificultad para aprobar una licenciatura en economía y administración. Eligen estas escuelas por defecto. Otros, de buen nivel, lo hacen por comodidad. ¿Cómo logran los estudiantes promedio integrar estas escuelas? La primera condición es poder pagar de 8.000 a 9.000 euros anuales durante cinco años, a los que se suman varios gastos; es decir, un presupuesto de 40.000 a 50.000€. Eliminando esta condición la gran mayoría de los alumnos, la selectividad escolar de estas escuelas es necesariamente débil, si quieren llenar sus clases. Es fácil mostrarlo.

Las escuelas con preparación integrada admiten del 20% al 30% de los candidatos que se presentan. Es mucho más que HEC, por supuesto, pero sigue siendo selectivo, lo que las escuelas no dejan de señalar. Sin embargo, esto es solo una apariencia. La mayoría de los estudiantes solicitan plaza en varias escuelas, tanto más fácilmente cuanto que los concursos son en parte comunes. Imagine que los solicitantes aplican a un promedio de cinco escuelas y todos ellos son admitidos en una de ellas. Cada escuela podía presumir de haber admitido al 20% de los candidatos, sin que los concursos fueran difíciles. La selección también tiende a disminuir como consecuencia de la caída en el número de solicitantes. Tampoco es ajeno al origen social del candidato. Escuchemos el testimonio de Sarah, candidata exitosa en la ESPEME (Escuela Superior de Administración de Empresas en cuatro años, del grupo EDHEC), entregado a una empresa consultora de estudios: "Quedé muy contenta con mi oral. El jurado, compuesto por dos mujeres, quedó cautivado por lo que estaba diciendo, en particular por mi estadía lingüística de dos meses y medio en

Melbourne, Australia. [2]. En realidad es más interesante que la costa inglesa.

El hecho de que estos estudiantes promedio a menudo encuentren fácilmente un trabajo de gestión es un segundo misterio. Si no tienen un nivel académico superior a los de la universidad, ¿cómo explicar la relativa preferencia de las empresas por los egresados de la escuela?

Primera explicación: redes. Al igual que sus hermanas mayores más prestigiosas, estas escuelas tienen la gran ventaja de establecer vínculos con los empleadores y mantenerlos, a través de pasantías y asociaciones de ex alumnos. Las Grandes Ecoles conceden una enorme importancia al mantenimiento de las redes: eventos en los que participan antiguos alumnos y alumnos, cuyo mejor ejemplo es el prestigioso Bal de l'X, directorios de antiguos alumnos, revistas tienen la función de vincular una comunidad. En China, las escuelas de negocios ofrecen matrículas de MBA a los políticos para atraer a altos ejecutivos que deseen enriquecer su red. Los graduados generalmente tienen buenos recuerdos de sus años escolares y muchas veces han recibido ayuda de personas mayores, lo que los alienta a ayudar a las nuevas generaciones. Conscientes de que su título es tanto más valioso cuanto que quienes lo poseen ocupan puestos de prestigio, se inclinan por contratar a antiguos alumnos de su escuela. Las pasantías también son un activo valioso. Contribuyen a que el egresado sea más rápidamente operativo y amplíe su red relacional, que es la forma más efectiva de encontrar trabajo, especialmente para los ejecutivos.

Segunda explicación: las universidades tienden a descuidar el conocimiento no académico. Las escuelas de negocios, así como ciertas escuelas preparatorias, por el contrario, enseñan a sus alumnos a presentarse. "La apariencia física, especialmente la ropa, y la hexis corporal son objetos y objetivos de aprendizaje. [...] De hecho, es la facilidad, o más bien sus manifestaciones externas, las que son objeto de un trabajo significativo", escribe la socióloga Muriel Darmon sobre la preparación comercial [3]. Yendo al final del proceso, la escuela de gestión ESG utiliza, para formar a sus alumnos en liderazgo (?), las habilidades del curso Florent, que forma parte del mismo grupo desde 2012. Estas preocupaciones hacen eco de la descripción dada por el los sociólogos Michel Pinçon y Monique Pinçon-Charlot de la educación de la burguesía en los colegios chic: "La presentación de uno mismo no se deja a la buena voluntad de los alumnos. Si se prohíben los atuendos negligentes, el día da cabida a una cierta relajación: en la mayoría de los colegios suizos o en la École des Roches, la corbata no es obligatoria para asistir a clases. Es diferente para la cena que es un momento intenso de sociabilidad burguesa. [4].»

En otras palabras, los estudiantes adquieren en la escuela de negocios, si no lo han hecho ya en sus familias, disposiciones que el sociólogo Pierre Bourdieu denominó capital cultural incorporado. Formando la imagen de la persona, muy valiosa en las entrevistas de selección y en la vida profesional en general, este capital muchas veces marca la diferencia. Capacidad para encontrar la distancia adecuada con respecto a sus interlocutores, evitando un exceso de familiaridad o servilismo, capacidad para adoptar el tono adecuado, capacidad para impresionar favorablemente: difíciles de medir, estas habilidades son de gran ayuda para impresionar a los graduados de las Grandes Ecoles. su audiencia y convencerlos de que son ejecutivos creíbles.

Las principales escuelas de tres años también están buscando estas habilidades. Así, por ejemplo, es cómo ESSEC (www.essec.fr) presenta la entrevista individual, acusada de un coeficiente extremadamente alto: "El encuentro fortalece el carácter del prometedor para ser encuestado: espectáculo y familiaridad verbal; receptividad; versatilidad ; simpatía; sentimiento de obligación. Para ESSEC, los competidores deben saber cómo: presentarse, dar sentido a su profesión y sus empresas, discutir sus encuentros, compartir sus inclinaciones. Un miembro del jurado de esta prueba, un líder empresarial, cuando me dijo completamente que posiblemente necesitó veinte minutos para ser consciente suponiendo que un suplente tenía el carácter de un jefe decente. Es claramente dudoso si esta es la "personalidad" del prometedor descubierto por este oral; artesanía creada. Sea como fuere, ¿realmente importa, siempre que el competidor posea todas las cualidades necesarias? Habrá demostrado que juega el juego, que comparte los objetivos y valores de la organización. es, que domina su estilo y sus códigos.

En cualquier caso, estaría fuera de lugar restringir la fuerza de estos suplentes a estos atributos. Este año, los alumnos de mi secundaria coordinaron una fiesta. Escuchamos a los suplentes cantando, tocando representaciones y música, desde solos de violín hasta el metal más despiadado. La conmoción provino de los veinte suplentes que asumieron la responsabilidad de la asociación. Frecuentemente erradicados o incómodos en clase, se han convertido en poderosos pioneros o moderadores semi competentes. Hicieron una reunión con el presidente de la ciudad y consiguieron una habitación encantadora, tramitaron la aprobación de la organización de la escuela, se ocuparon de la boletería, las audiencias, la administración, la agrupación de exposiciones; sin una nota falsa. Han ilustrado capacidades de iniciativa, comunicación, negociación, trabajo en equipo que nuestro sistema escolar no evalúa, pero que importan en el mundo laboral. Casi todos ellos en terminal ES, la mayoría estarán en la escuela de negocios el próximo año; su formación ya ha comenzado.

Una sensación de injusticia

Este éxito, tan ligado a la capacidad económica de los padres, genera un fuerte sentimiento de injusticia entre algunos alumnos y profesores. Podemos entenderlo. Tomemos a un adolescente que se expresa correctamente y que, gracias a la educación recibida en un ambiente familiar muy favorecido, tiene una buena presentación y cierta facilidad en la sociedad. Estas cualidades, que pueden parecer triviales, no lo son tanto para quien está acostumbrado a trabajar con jóvenes que dudan entre el silencio y la agresividad. ¿Cuántos jóvenes de quince o dieciséis años saben dar la mano a un desconocido y presentarse con sobriedad, sin timidez ni excesos? Imaginemos que este adolescente está bastante interesado en sus estudios. Al final del segundo, habiendo logrado mantenerse en la media, opta por la corriente ES, pues se sabe que en S "hay que trabajar". Luego de un primero mediocre, que cierra cualquier posibilidad de ser admitido a prep o doble licencia, porque su expediente escolar llevará la huella, llega el último año, decisivo. Nuestro adolescente está acelerando, trabajando un poco para el bachillerato y mucho para las competencias Link, Team, Sésamo o Access, gracias a las cuales reclutan las escuelas de negocios con preparación integrada. Sorpresa (porque se hace pocas ilusiones sobre su nivel académico): es admitido en varias escuelas. gracias al cual reclutan escuelas de negocios con preparación integrada. Sorpresa (porque se hace pocas ilusiones sobre su nivel académico): es admitido en varias escuelas. gracias al cual reclutan escuelas de negocios con preparación integrada. Sorpresa (porque se hace pocas ilusiones sobre su nivel académico): es admitido en varias escuelas.

Allí tuvo una grata educación, intercalada con seminarios de esquí y prácticas en el extranjero. Permanece el capullo dorado en el que pasó su adolescencia. La homogeneidad social es aún más pronunciada que en la escuela secundaria. La carga de trabajo sigue siendo bastante soportable. Como admite francamente un estudiante en un foro: "Aquí está mi nombre Lionel, estoy en mi primer año en ESSCA y creo que me estoy empezando a arrepentir... Efectivamente, ESSCA es la glándula... yo, soy un gran trabajador y darme cuenta que en la ESSCA no me voy a matar [5]. El ambiente no es demasiado estresante, ya que la mayoría de los estudiantes terminan su curso sin una arruga. Al final de estos cinco años, encuentran trabajo en pocos meses y ganan tanto como si tuvieran un bachillerato S, un sup en matemáticas y una buena escuela de ingeniería. Estamos lejos de la carrera de obstáculos que a menudo se describe en la prensa. ¿Cuál es la receta milagrosa para negociar este momento crucial de esta manera? Dinero, por supuesto.

El análisis de lo que sucede en las escuelas de ingeniería confirma el peso determinante del monto de las tasas académicas. Las escuelas de ingeniería de posgrado están creciendo. Sin embargo, su selectividad es muy variable. Mientras que los INSA (Institutos Nacionales de Ciencias Aplicadas), colegios públicos que cuestan 600 euros al año, son muy selectivos -alrededor de 2.000 plazas para

13.000 candidatos y una mayoría de bachilleres con matrícula de honor-, los colegios privados de pago, que cuestan entre 6.000 y 8.000 euros al año, son accesibles a un bachiller medio en ciencias sin demasiada dificultad. La media de bachillerato de sus alumnos, equiparable a la de los alumnos de posgrado de las escuelas de negocios, es cuatro puntos inferior a la de los alumnos del INSA.

No sorprende que una educación realizada en estas condiciones suscite un sentimiento de injusticia. Lo escuchamos en boca de los estudiantes de preparatoria. En los foros de estudiantes, cuando un desafortunado estudiante de último año sugiere que los diplomas de ciertas escuelas de post-bachillerato podrían competir con las escuelas de post-preparatoria, se enciende en llamas. El mensaje siempre es: "Las prepas trabajan duro, tienen mejor nivel académico y los empleadores lo reconocen. Eso sin duda sería moral. Pero, a excepción de las mejores escuelas, no es tan obvio, como lo demuestran los salarios iniciales muy cercanos. Ciertamente, los puestos directivos de las grandes empresas francesas solo son accesibles para los graduados de las escuelas más prestigiosas, pero las PYME (pequeñas y medianas empresas) ofrecen grandes oportunidades,

Los docentes también se amargan a veces al observar este éxito tan poco vinculado al mérito académico, en términos de esfuerzo y resultados. Sobre todo porque tienden, la deformación profesional obliga, a hacer del mérito académico la medida de todo. Una amargura acentuada por el desprecio que muestran algunos alumnos por las lecciones que les imparten. De hecho, las competencias están en programas bastante alejados de los de la clase final y el bachillerato es difícil de perder. Por lo tanto, un tonto tan notorio podrá regresar un año después a la escena de su crimen y explicar con franqueza que está en la escuela de negocios. Describirá sus prácticas en una gran consultora en estrategia, recogida por relación, y en su perfil de LinkedIn especificará que ahora es community manager, incluso socio de la empresa que apenas habrá creado con dos amigos.

Este sentimiento de injusticia aumenta cuando comparamos las condiciones que les esperan a los estudiantes en las escuelas con las que prevalecen en la universidad.

La caída en picado del atractivo de la universidad

Si más de la mitad de los bachilleres generales van a la universidad, esta proporción es mucho menor en el liceo François Quesnay, como en todos los liceos privilegiados. En las clases científicas, de 140 estudiantes, 45 van a medicina, 40 a clases preparatorias, 35 a escuelas de posgrado de ingeniería o negocios. Agregue salidas al extranjero y escuelas de arquitectura y solo hay de 5 a 10 estudiantes para elegir ir a una licencia o IUT (Instituto Universitario de Tecnología). En las clases económicas, la distribución es más diversa: prépas, Sciences Po, universidades extranjeras acogen alrededor de 30 estudiantes, escuelas de negocios de post-bachillerato alrededor de 30, escuelas de arte 10. Quedan, por lo tanto, una quincena de alumnos, que optan principalmente por derecho o un IUT. En total, solo uno de cada ocho estudiantes va a la universidad,

Por qué ? Mis alumnos ven la universidad como una jungla en la que tienen que valerse por sí mismos y motivarse. Los diplomas valorados en el mercado laboral serían raros allí. También juegan un papel el miedo a un universo mal regulado, cuyas reglas de juego son vagas y se van descubriendo, el desconocimiento de los títulos y de los trabajos a los que conducen. Solo las leyes y cursos selectivos, como las licencias dobles, los atraen. ¿Están justificadas estas suposiciones? Fui en busca de testimonios para tratar de entender por qué los estudiantes evitan la principal formación gratuita en la educación superior.

Los estudiantes de secundaria de François Quesnay no son los únicos que desertan de la universidad. Los estudios posteriores al bachillerato se realizan cada vez menos en la universidad y se estancan en el IUT, mientras que se triplican en trece años en las escuelas de negocios y se duplican en las de ingeniería. Según el INSEE, desde hace diez años, el crecimiento en el número de estudiantes proviene de las escuelas de negocios (responsables del 33% del aumento), las escuelas paramédicas y sociales (27%) y las escuelas de ingeniería (17%). Las escuelas privadas se llevan la parte del león.

Por el contrario, el 32% de los bachilleres en 2013 se matricularon en la universidad el año académico siguiente, frente al 39% en 2000. La caída es especialmente clara entre los estudiantes con bachillerato general, mientras que la matrícula universitaria aumenta entre los bachilleres profesionales, pero sin preparación para estudiar allí .. Este desarrollo refuerza la idea de que matricularse en la universidad es una elección predeterminada. De ahí una caída en los resultados que no es para mejorar la reputación de la institución. En 2012, solo el 43% de los 146.000 estudiantes universitarios de primer año llegaron al segundo año y el 28% se dio de baja. Estos resultados sin duda se deben a la falta de supervisión, pero sobre todo al público que reciben las universidades, que son las únicas carreras no selectivas de la educación superior.

En promedio, los bachilleres profesionales representan el 5% de los estudiantes de primer año y los bachilleres tecnológicos el 15%. Pero estas proporciones son mucho más altas en las universidades con los resultados más bajos. Así, los bachilleres tecnológicos o profesionales representan el 31% de los matriculados en Le Havre (27% de los pasajes de segundo año)... ¡y el 60% de los matriculados en París-XIII (25% de los pasajes)! Solo el 5% de los bachilleres profesionales obtienen una licenciatura, en comparación con casi la mitad de los bachilleres generales. Para los estudiantes a los que teóricamente está destinada, la universidad no es, por tanto, catastrófica, sobre todo si se tiene en cuenta que no atrae a los mejores graduados, salvo en medicina o en la corriente selectiva. Pero los datos sin procesar que se dan a conocer al público dan miedo.

Además, los medios de las universidades, en particular humanos, son muy insuficientes. El gasto medio por estudiante refleja esta escasez. Se estima en 10.770 euros en la universidad, contra 13.740 euros en STS, 15.080 euros en clase preparatoria y alrededor de 17.000 euros en la escuela de negocios. Nuevamente, este es un promedio teniendo en cuenta todos los niveles y todos los entrenamientos. Los primeros ciclos están mucho menos dotados. Además, las universidades llevan varios años ofreciendo dobles titulaciones, combinando derecho y economía, ciencia e historia, artes y ciencias sociales o ciencia y economía. Selectivos, estos cursos de gran éxito copian ciertos métodos escolares: asociaciones activas de estudiantes, fines de semana de integración, gran número de horas de curso, asociaciones internacionales. Dado que el Estado, a pesar de las buenas palabras de sus sucesivos ministros, se está retrayendo económicamente, nunca dará los medios a las universidades para que la mayoría de sus alumnos triunfen en el primer año de su licenciatura, gracias a la organización de la formación en pequeños grupos. , dado que el Estado es autista, las universidades públicas deben comprometerse a subcontratar el primer año de la licenciatura a la educación superior privada y gravarlo de paso para financiar L2 y L3 más correctamente [6].

Como consecuencia de esta pobreza, las tasas de supervisión son insuficientes, especialmente en el primer ciclo. Aparte de los estudios de idiomas, las lecciones en grupos pequeños se limitan generalmente a tres o cuatro sesiones de una hora y media por semana, y el resto de las lecciones se imparten en grandes aulas en las que es difícil concentrarse y imposible hacer una pregunta. pregunta o volver a un pasaje malentendido. Las tutorías suelen ser proporcionadas por estudiantes avanzados, sin experiencia, enfocados en completar su tesis más que en sus cursos y sin ningún tipo de formación pedagógica. La universidad también contrata a profesores de secundaria, que están mucho mejor preparados, pero los salarios son poco atractivos y los puestos son pocos.

Algunas disciplinas están particularmente desfavorecidas. En derecho, los estudiantes tienen principalmente conferencias en anfiteatro. Según un resumen del Tribunal de Cuentas, "mientras que en el resto de disciplinas hay de media un profesor por cada 30 alumnos, esta ratio se reduce a 1 por 55 en derecho [7]". La tasa de supervisión es de aproximadamente 26 docentes-investigadores por cada 1.000 alumnos, mientras que la media, sumando todas las disciplinas, es de 36 por cada 1.000. El gasto por alumno también es especialmente bajo allí, señala el Tribunal. De hecho, con 248 euros anuales y por estudiante en Paris-Ouest-Nanterre-La Défense, por ejemplo, los recursos de la facultad de derecho son muy limitados.

La falta de recursos de secretaría hace que los estudiantes, rara vez informados de la ausencia de los profesores, se desplacen innecesariamente y se queden frente a las salas vacías o aulas antes de decidir marcharse. Fuera de los casos en los que realmente se ha implementado la tutoría, nadie realiza un seguimiento de la educación de un estudiante de pregrado, que generalmente es anónimo para la administración y la mayoría de los profesores. Por lo tanto, el choque es violento para los estudiantes acostumbrados, en la escuela secundaria, a un seguimiento preciso (envío de SMS a la familia en caso de ausencia, discusiones de orientación con el maestro principal, maestros frecuentemente localizables por mensajería). Esto lleva a que las universidades emitan reglas contundentes, como "más de tres ausencias y el estudiante es declarado en rebeldía", independientemente de las razones.

Es más complicado conseguir un videoproyector para enseñar en La Sorbonne que en un colegio de las afueras; lo he experimentado Las universidades ya ni siquiera tienen los medios para acomodar a quienes acuden a ellas. Hay muchos estudiantes que son rechazados en cursos que aún no son selectivos, y se ven obligados a optar por otra universidad u otro curso. Los funcionarios están tratando de convencer a los estudiantes de que se inscriban en el control terminal, es decir, que renuncien a las lecciones en grupos pequeños con control continuo, para reducir la cantidad de maestros a pagar, a quienes también son difíciles de encontrar.

Por falta de medios, se prefieren las conferencias en auditorios. En el momento en que están disponibles en línea, esta forma de enseñanza parece obsoleta. No permite que los estudiantes interactúen, prueben su comprensión de las cosas, discutan la pregunta formulada. Incluso el contacto físico, por la mirada, los movimientos, las modulaciones de la voz, que hacen mucho para mantener la atención de la audiencia, desaparece cuando los números son demasiado grandes y el maestro está clavado en su escritorio por la necesidad de hablar en voz alta. un micrófono fijo.

La universidad es a menudo aburrida. Los cursos no están diseñados para interesar a los estudiantes, sino para formar a los futuros doctorandos que sucederán a los profesores en el lugar. En Le Monde, Pierre Alary, que enseña en la universidad después de haber trabajado durante tres años en una escuela de negocios, lo confirma: "La lógica de una escuela de negocios es diferente a la de una universidad. [...] Estas escuelas privadas se preocupan por la retroalimentación de los estudiantes, los cursos deben agradarles, interesarles. ¡Pero la economía explicada por modelos matemáticos les aburre y nada mejor que vaciar las aulas! Escuchamos el mismo tipo de crítica en la ciencia o en los idiomas. Ante un curso soporífero o excesivamente teórico, lo único que puede hacer el alumno es no asistir, lo que no tiene consecuencias inmediatas. Tambien tengo,

Los estudiantes universitarios realizan pasantías con mucha menos frecuencia que en otros lugares. Además, la institución hace poco para ayudarlos a encontrarlo. Un estudiante que encontró unas prácticas por una relación personal me comentó que le había costado mucho encontrar cómo conseguir que la universidad aprobara el convenio de prácticas. Sin embargo, el año universitario a menudo termina a fines de mayo, lo que deja mucho tiempo para hacer una pasantía, mientras toma vacaciones. La ausencia de una pasantía obviamente penaliza cuando se trata de encontrar un empleo, tanto en términos de experiencia como de relaciones. Es cierto que la entrada al mundo laboral se ha vuelto tan complicada en Francia que unas prácticas o un trabajo de verano ya son señales externas de riqueza. Aparte de los cargos de los alumnos de las Grandes Ecoles, se obtienen puestos interesantes a través de relaciones personales, lo que obviamente favorece a los alumnos cuyos padres están bien situados.

Inglés parcial en una universidad en Ile-de-France. Varios cientos de estudiantes de economía, administración y matemáticas aplicadas llenan el anfiteatro. Los tres profesores encargados de la organización reparten las materias, que difieren según la formación seguida, y supervisan lo mejor posible la prueba, dado que son muy pocas y no pueden circular con facilidad por las plazas. Al final de la prueba, los candidatos hacen fila para devolver su trabajo. Uno de ellos se acerca al supervisor, quien señala su listado y lo copia: "¡Mierda! Estás en economía y te han dado la materia destinada a matemáticas aplicadas. Se encoge de hombros. "Bien. Encontraremos una solución. »

La organización de los exámenes suele ser deficiente en la universidad. Esta es otra faceta de la falta de recursos. Habiendo escuchado a antiguos alumnos quejarse de ello, estudié de cerca los temas planteados al final del primer año de economía, disciplina que conozco. Me sorprendió lo que vi. Tanto en la microeconomía como en la macroeconomía, en esta universidad [8] los exámenes adoptan mayoritariamente la forma de preguntas de opción múltiple (MCQ). Aparentemente utilizado recientemente, esta forma de examen tiene una ventaja obvia en términos de tiempo de corrección: toma un promedio de quince a veinte minutos para corregir una disertación, pero solo treinta segundos para un MCQ. ¡Los economistas ponen así en práctica la noción de aumento de la productividad del trabajo que enseñan!

Los MCQ permiten comprobar la adquisición de conocimientos... y eso es todo: sin reflexión, sin escritura, sin síntesis. Por lo tanto, es posible avanzar en los estudios de economía sin tener formación para escribir y construir razonamientos. El dominio de las herramientas matemáticas también es muy difícil de evaluar con un MCQ: en una pregunta de cálculo, un razonamiento bien realizado concluido por un mínimo error de cálculo se notará del mismo modo que una incapacidad total para iniciar el ejercicio.

El gran problema con los MCQ es que siempre es posible ganar puntos revisando las respuestas al azar. Lógicamente, un mono que escribe al azar en un teclado debería obtener el promedio si tiene la elección entre dos respuestas y 5/20 si hay cuatro opciones posibles. Evidentemente, siempre puedes introducir puntos negativos para penalizar los errores, según la "hermosa" costumbre francesa que te anima a no contestar por miedo a equivocarte. Esto es lo que ofrece esta universidad, con el gran inconveniente de que el estudiante que razona correctamente y se equivoca estúpidamente en el cálculo final obtendrá menos puntos que el que valientemente no contesta las preguntas difíciles.

Sin embargo, sería posible proceder de otro modo. La notación debe ajustarse para tener en cuenta el hecho de que una persona que responda al azar inevitablemente tendrá algunas respuestas correctas, ofrecerá al menos cuatro opciones de respuesta y proporcionará un gran número de preguntas (al menos cincuenta), a fin de limitar preguntas accidentales. respuestas correctas. . Sin embargo, los MCQ de esta universidad solo hacen veinte preguntas y muchas veces solo ofrecen dos o tres opciones de respuesta, una de las cuales a veces es tan grotesca que es necesariamente eliminada (y que el estudiante tiene la sensación de que lo toman por tonto). Los temas a menudo contienen faltas de ortografía o errores debido a copiar/pegar demasiado rápido. Las declaraciones no especifican las suposiciones que subyacen al razonamiento que se debe hacer (lo que aumentaría diez veces el tamaño de las declaraciones,

Este estado de cosas puede fácilmente dar a los estudiantes la sensación de que la evaluación es aleatoria y, sobre todo, organizada a un costo menor.

Los "a pesar de nosotros": estudiantes por defecto y falsos estudiantes

Según una encuesta del Ministerio, el 38% de los estudiantes de primer año hubiera preferido otra orientación [9]. Esta proporción se eleva al 52% entre los bachilleres tecnológicos o profesionales, lo que no es de extrañar. A menudo, estos últimos están en la universidad porque su bajo expediente académico no les permitió acceder a STS. Pero, ¿cómo podemos imaginar que los estudiantes considerados demasiado débiles para tener éxito en una formación docente muy concreta dirigida a la integración profesional en el nivel bac + 2 tendrán éxito en las licencias universitarias? Sobre todo porque llegan allí en malas condiciones psicológicas.

Es cierto que todas las demás formaciones son, de un modo u otro, selectivas. Los graduados rechazados siempre pueden encontrar un lugar para quedarse en la universidad, pero sin haberlo deseado realmente; y no está seguro de que tengan un nivel educativo adecuado. En teoría, todos los graduados tienen un nivel suficiente, ya que la capacidad de seguir las lecciones está sancionada por el examen. Esta presentación de las cosas no refleja la realidad. La noción de bachillerato vocacional también es un oxímoron: este diploma prepara para la integración profesional inmediata, mientras que el bachillerato valida la posibilidad de seguir estudios superiores.

En principio, los estudios más largos son los más abstractos y, a menudo, los más difíciles. Pero los cursos cortos a menudo atraen a mejores estudiantes que los estudios universitarios, debido a su selectividad. Absurdamente, los estudiantes bien organizados, independientes, capaces de tomar notas de manera eficiente, se encuentran en IUT para prepararse para un bachillerato + 2 mientras se benefician de una supervisión sólida (más de veinte horas por semana en números reducidos), mientras que los estudiantes menos capacitados debe tratar de aprovechar las conferencias y preparar una sesión de tutoría por su cuenta a partir de una lista de ejercicios o una bibliografía. De hecho, los buenos estudiantes de secundaria optan por un IUT. Van allí no tanto por el DUT como para estar mejor supervisados que en la universidad y luego se preparan para obtener un título o admisión paralela a una Grande Ecole. Sandrine, una de mis únicas alumnas de origen modesto, me explica que después de su bachillerato (con honores), fue a IUT porque se sentía un poco frágil para la preparación. Está encantada, trabaja mucho y aspira a una admisión paralela a la escuela de negocios después de su diploma.

En resumen, dado el público que acoge, la universidad debería tener muchos más recursos para los estudiantes de primer año que para otros cursos y concentrarlos en este nivel. Está sucediendo exactamente lo contrario. Daño.

En algunos casos, los primeros años de la carrera también están parasitados por "falsos alumnos", jóvenes desempleados de escasos recursos que se matriculan en la universidad para beneficiarse de becas y protección social. Este problema se concentra en las universidades de los barrios populares, por ejemplo en París-VIII-Saint-Denis y París-XIII-Villetaneuse en la región de París, Lille-III o Toulouse-Le Mirail. Un reportaje de Le Monde describe la situación en Perpiñán [10] : entre una cuarta parte y la mitad de los trabajos entregados durante los exámenes de primer año están en blanco.

Aunque no tienen la intención de seguir los cursos, estos falsos estudiantes se matriculan con mayor frecuencia en disciplinas que les parecen accesibles, en sociología, psicología o AES (administración económica y social), en lugar de en los clásicos. , economía o matemáticas. Por lo tanto, son numerosos. Obligados a acudir a los parciales, abandonan la sala lo antes posible, tras haber firmado la hoja de asistencia y devuelto una copia en blanco. A veces interrumpen la prueba. También deben asistir a tutorías, porque la exclusión es automática después de tres ausencias durante el semestre (que en realidad dura una docena de semanas). Su actitud ayuda a desmovilizar a otros estudiantes y molestar a los profesores: revisan sus teléfonos, se dejan los auriculares puestos, duermen en las mesas , etc. [11].

No es un problema nuevo. Ya me lo había descrito un profesor amigo de Lille en los años noventa. Pero ha crecido desde entonces. La práctica ausencia de RSA (renta activa solidaria) para los menores de veinticinco años y el alto nivel de desempleo juvenil explican este estado de cosas, pero no lo hacen más tolerable. Alumnos y profesores sufren la situación, que lastra el ambiente de los cursos y las tasas de éxito. Esto también anima a las universidades a limitar los recursos destinados a los estudiantes de primer año, para reservarlos para estudiantes "reales". Sin embargo, los recién llegados son los que más apoyo necesitan. Sería posible solucionar el problema exigiendo una nota mínima para acceder al segundo semestre o, al menos, repetir. A decir verdad, el Estado parece tolerar una situación que permite afrontar, a bajo coste, el problema de los jóvenes sin trabajo ni cualificación, sacándolos de las estadísticas del paro a cambio de una protección social y unos mínimos ingreso. En detrimento de la autoestima de estos jóvenes y de las condiciones laborales en la universidad.

Consideremos por un momento la situación de estos jóvenes. ¿Por qué se matriculan en disciplinas afines al bachillerato que aprobaron, si no es porque su matrícula es en parte grave? Cuestionados por los periodistas, afirman estar ahí solo por la bolsa, que no les interesan estos

" estudios bufonescos " que no conducen a nada, etc. Pero se puede dudar de la sinceridad de este discurso cínico y desprendido e imaginar, por el contrario, que estos jóvenes se registraron esperando encontrar interés en los cursos y obtener resultados correctos. Frente a una enseñanza que no les habla, habrían desarrollado, sólo en un segundo tiempo, este discurso defensivo, que evita cuestionar su capacidad de éxito. En definitiva, serían menos beneficiarios del sistema que víctimas de su mal funcionamiento.

Durante las discusiones con estudiantes de secundaria, la cuestión de la identidad de los arroyos surge con insistencia. Los alumnos ven bastante bien qué es una escuela de administración o de ingeniería y a qué tipo de profesión se abren. BTS y DUT tienen títulos específicos. Pero, ¿a qué conduce una licenciatura en matemáticas o economía? Los alumnos no tienen ni idea y les resulta muy difícil averiguarlo. A lo sumo pueden encontrar, fijándose bien, los títulos de máster para los que se prepara una licencia. Por el contrario, la formación para oportunidades (aparentemente) bien identificadas, como el derecho, atrae a muchos estudiantes, a pesar de las altas tasas de fracaso.

A falta de una estrategia clara, los estudiantes a menudo eligen una materia que dominan bien y les gusta en la escuela secundaria. Pero no es lo mismo amar el inglés que estudiar la lengua y la civilización inglesas con licencia, sin imaginar demasiado cuál puede ser el resultado. Esto es aún más cierto en economía, donde el estudiante de primer año hace principalmente matemáticas aplicadas, sin conexión con los cursos del último año sobre crecimiento o desempleo.

A pesar de los esfuerzos reales, las universidades todavía suelen construir modelos de diplomas de acuerdo con la formación de los futuros estudiantes de doctorado y los intereses locales ("se debe crear un curso de licencia para el Sr. Lefèvre"). La adaptación de los títulos al mundo laboral es insuficiente y lenta, mientras que las necesidades del sistema económico están cambiando rápidamente.

Por lo tanto, para satisfacer la fuerte demanda de habilidades duales (informática y administración, ingeniería y derecho, etc.), el plan de estudios dual debe ser un punto fuerte de la universidad, que tiene una amplia variedad de habilidades. Pero el repliegue en sí mismo de cada formación frena su desarrollo. Un amigo me explicó que no podía montar el curso doble que estaba considerando porque la facultad de derecho se niega a eximir a sus alumnos, que son muy buenos y pocos,

I ♥ Universidad de Versalles-Saint-Quentin-en-Yvelines

La cuestión de la identidad también surge del hecho de que la universidad no tiene marca, con algunas excepciones. Sin embargo, las marcas son fundamentales para orientarse en el maquis de la formación. Por ejemplo, es difícil decir a qué profesiones conduce Sciences Po Paris, dada la fragmentación, por no decir la confusión, de los maestros disponibles allí. Pero Sciences Po es una marca fuerte, que el Instituto también esgrime en detrimento del nombre oficial de Instituto de Estudios Políticos, sin dudar en emprender acciones legales contra las universidades que inadvertidamente utilizan este nombre registrado.

Las universidades intentan crear marcas, pero nombres como Bordeaux-IV o Grenoble-II no les ayudan. Paris-X pasó a llamarse Paris-Ouest-Nanterre-La Défense para asociar su nombre al del distrito de negocios (donde se imparten ciertos cursos) y sustituir Paris-Ouest por Nanterre, sinónimo de muchos estudiantes de secundaria. , un semillero de izquierdismo internacional y un suburbio desfavorecido y vagamente inquietante. Obviamente, hay un largo camino desde esta imagen hasta la realidad de la contratación bastante burguesa en Nanterre, especialmente en derecho y economía, pero prevalece el poder de la imagen. Sin embargo, el compromiso elegido es demasiado confuso para mejorar las cosas.

Incluso cuando la universidad goza de un nombre

prestigioso, no siempre lo gestiona bien. La Sorbona proporciona un ejemplo espectacular. Conocida en todo el mundo, la marca "Sorbonne" la llevan tres universidades diferentes, lo que no fomenta su uso ni su identificación. Valorado en alrededor de mil millones de euros por la Agencia Estatal de Patrimonio Inmaterial, se vendió parcialmente a la Universidad Paris-Sorbonne-Abou Dhabi. Nacida en 2006 de un acuerdo entre París-IV y el gobierno de Abu Dhabi, tiene el monopolio de la denominación Sorbona en Oriente Próximo y Medio. En realidad, París-IV ha avanzado un poco, ya que el nombre pertenece por ley a la cancillería de las universidades de París. Pero cuando París-I intentó poner en marcha proyectos con Qatar y Baréin, estos fueron bloqueados al más alto nivel del Estado, por razones diplomáticas: imposible cuestionar el acuerdo concluido sin ofender a los líderes de Abu Dabi. Sin embargo, algunos funcionarios se movieron por el riesgo de empañar la imagen de la Sorbona en una "universidad de las arenas" que tiene pocos estudiantes y profesores permanentes. Finalmente, los beneficios económicos del acuerdo son muy limitados, a diferencia del Louvre Abu Dhabi (la marca "Louvre" se vendió durante treinta años y 400 millones de euros).

Queda la cuestión de la selección. La masificación de la educación secundaria conduce a una competencia desenfrenada en la educación superior. Aproximadamente el 80% de un grupo de edad puede convertirse en estudiante, en comparación con el 30% hace treinta años. La competencia se desarrolla en un contexto confuso, marcado tanto por un rápido aumento del nivel de cualificación de los jóvenes como por una débil creación de puestos de trabajo cualificados. Estos movimientos contrarios rebajan el valor de los diplomas. Para alcanzar la misma posición social que sus padres, uno debe estar armado con un diploma mucho más alto. Tanto los niños como los padres son conscientes de ello, sobre todo porque el marketing de las empresas de apoyo y educación insiste en la dificultad de los exámenes y concursos, mientras que los medios de comunicación mencionan descuidadamente el desempleo juvenil. [12], que sin embargo afecta mucho menos a los graduados de educación superior que a otros. Esta competencia alimenta una incertidumbre estresante tanto para los jóvenes como para sus padres. Aparte de los muy buenos estudiantes, que siguen el camino real que conduce a las Grandes Ecoles, hoy como ayer, el riesgo de degradación es real. Incluso con una buena situación, los padres suelen ser asalariados. Pueden brindar apoyo financiero, intelectual y emocional a sus hijos, pero no pueden proporcionarles empleo. Por lo tanto, no tienen la certeza de que sus hijos tendrán éxito igual o mejor que ellos sin un diploma muy bueno.

El miedo a la degradación afecta a las clases media y media alta, desde los ingenieros de producción hasta los maestros, desde los técnicos hasta los capataces, desde las enfermeras hasta las secretarias, desde los empleados bancarios hasta los maquinistas. El sociólogo Louis Chauvel ha mostrado [13] que la falla del ascensor social era permanente. La generación de

25-35 años lucha por alcanzar los puestos profesionales de los años cincuenta, es decir la generación de sus padres.

Por lo tanto, el desafío es diferenciarse de los demás, de acuerdo con lo que los economistas llaman la "teoría de la señal". La más obvia es tomar un camino selectivo, lo que indicará un cierto nivel de habilidad. De El corrientes de élite siguen siendo para muy buenos estudiantes. Pero para los demás, todos aquellos que tienen ciertas habilidades académicas, pero no pasarán a una escuela preparatoria, Politécnica y ENA? Las corrientes selectivas existen a todos los niveles y son tomadas por asalto cuando parecen garantizar el acceso al empleo.

El único sector no selectivo es la universidad, en consecuencia desatendida, salvo para mostrarse selectiva: el 20% de los bachilleres S están ahora probando medicina, frente al 12% hace quince años. La Universidad Tecnológica de Compiègne o Paris-Dauphine no tienen problema en contratar, ni tampoco dobles licencias. En derecho, florecen iniciativas para crear una formación selectiva a la manera de las Grandes Ecoles: Paris-II-Assas presenta su máster en derecho empresarial como "una Grande Ecole dentro de la universidad". Allí las tasas de matrícula son muy altas (15.000 euros al año)... y los salarios iniciales son estratosféricos. Toulouse-I está preparando una Escuela Europea de Derecho y evoca la posibilidad de pagar títulos universitarios (DU). Pero estos cursos solo ofrecen un número extremadamente limitado de plazas,

Capítulo 5 Notas

1. Peter BOURDIEU, "Capital social, notas provisionales", Actas de investigación en ciencias sociales, no. 31 de octubre de 1980.

2. http//Etudiinfo.com, 13 de enero de 2014.

3. Muriel DARMON, Clases *preparatorias. La formación de una juventud dominante*, Discovery, París, 2013, p. 248.

4. Michael PINCON y Monique P.INCON-VSHARLOT, Sociología de la burguesía, La Découverte, París, 2007 (3e ed.), p. 86.

5. Peter DUBOIS, "Licencia: el cinismo del SUP privado", en el blog Histoires d'universités, 2014, https://histoiresduniversites.wordpress.com.

6. CUENTAS VSOUR, El Sector y el *lugar de capacitación*, junio de 2012. A modo de comparación, esta relación es de aproximadamente un maestro por cada once estudiantes en una escuela secundaria.

7. Esto es París Oeste. Después de haber publicado una publicación sobre este tema, recibí varias reacciones de académicos que decían que este no era el caso en su universidad.

8. "Nuevos bachilleres registrados para licencia al

inicio del año académico 2011", Nota informativa, n° 12.07, Ministerio de Educación Superior, julio 2012.

9. Pascale KREMER, "La universidad ante una afluencia de "falsos" becarios", Le Monde, 27 de mayo de 2013.

10. Comentarios escuchados sobre París-XIII, corroborados por la encuesta de Le Monde (ibíd.).

11. Con una tasa de desempleo juvenil del 24 %, con frecuencia se escucha a los presentadores afirmar que el 24 % de los jóvenes están desempleados, lo que obviamente no es cierto. En realidad, el 7,5% de todos los jóvenes de entre dieciséis y veinticuatro años (y no sólo la población activa) está desempleado.

12. "Las nuevas generaciones ante el fracaso prolongado del ascensor social", Revue de l'OFCE, n o 96, enero de 2006, p. 35-50.

6

El gran salto adelante de las escuelas privadas

"La inscripción en el Cours Molière supone la aceptación sin reservas del reglamento interno de la escuela: vestimenta adecuada requerida (prohibido trotar y gorra), [...] uso de laptop/Ipod/mp3... formalmente prohibido [1].»

I I Hace veinte años, me llamó mi director, que acababa de llegar de un gran instituto de Rennes. Había pedido una autorización acumulativa para dar unas horas de clases en una preparación privada, generalmente concedida sin problema. "No puedo firmar eso por ti", me dijo. De donde vengo, el sector privado se roba a nuestros mejores maestros y nuestros mejores estudiantes. He luchado contra eso toda mi carrera. Así que no puedo aceptar que vayas en privado. Va en contra de mis principios. Me sorprendió porque, fuera de Bretaña, el conflicto ideológico entre la escuela de la República y la de los sacerdotes parece pertenecer al pasado. Desde entonces, los establecimientos privados bajo contrato se han integrado al servicio de educación pública. Pero el conflicto entre lo público y lo privado reaparece bajo otra forma,

Los establecimientos privados tienen cada vez más alumnos, desde el jardín de infancia hasta la educación superior. Acaparan hoy los primeros lugares de las listas de colegios y escuelas secundarias. Se disputan la supremacía de las grandes escuelas secundarias en la escuela preparatoria. ¿Vamos hacia una escuela de dos velocidades, identificando la excelencia con la escuela de pago? Este riesgo es tanto mayor cuanto que, junto al sector privado sin ánimo de lucro, se afirma un sector comercial privado, con una fuerte presencia en la preparación de concursos y formación profesional. Fuera de unas pocas escuelas grandes, sin fines de lucro pero costosas, es esta privacidad comercial la que plantea la mayor amenaza de discriminación monetaria.

desde el jardín de infantes

El jardín de infancia es una de esas cosas que se supone que todo el mundo envidia. Sea como fuere, lo cierto es que la escolarización temprana favorece el aprendizaje. Reduce las desigualdades frente a la escuela, así lo demuestran todos los estudios. Por cierto, también resuelve ciertos problemas de cuidado de los niños. Por eso, aunque la escuela no sea obligatoria antes de los seis años, el Estado ha asegurado, durante veinte años, que todos los niños de tres años vayan al jardín de infancia.

Sin embargo, en muchos municipios te espera una desagradable sorpresa si intentas matricular a tu hijo de dos años. De hecho, la escolarización de dos años se ha derrumbado, cayendo del 35% en 2000 al 11% a principios del año escolar 2012. ¿Qué sucedió? El número de niños de dos a cinco años aumentó rápidamente en la década de 2000. Habría sido necesario abrir clases adicionales para acomodar a 350.000 niños más, un aumento de

10%. Este esfuerzo no se ha hecho. Dado que el gobierno se ha comprometido a acoger a todos los niños de tres años, la escolarización a los dos años está disminuyendo, con el fin de liberar plazas para los niños mayores. Hasta 2005, la población escolar aumentó de manera insuficiente. Posteriormente, se detuvo el esfuerzo y se redujo el número de niños que asistían al jardín de infancia.

A esta escasez se suman enormes desigualdades en la distribución de los recursos. Así, el 49 % de los niños de dos años tienen plaza en la guardería en Lozère, pero solo... el 5 % en Seine-Saint-Denis, según un informe del Tribunal de Cuentas. ¡Un niño en veinte! Donde esta escolarización sería más necesaria, porque las familias allí son a menudo indigentes, material y culturalmente, es la menos desarrollada. Podemos leer allí la débil capacidad de los más pobres para influir en las elecciones públicas, pero también un desequilibrio entre la ciudad y el campo. En Francia, el gasto por niño es mucho mayor en las zonas rurales. De hecho, es políticamente difícil cerrar clases o escuelas en áreas rurales despobladas, a riesgo de imponer largas distancias de transporte a escolares o estudiantes universitarios.

Como era de esperar, este ajuste fiscal empuja a las familias a recurrir al sector privado. Mientras que el 11% de los niños de tres años ahora van al sector privado, como hace diez años, la participación privada de la educación de dos años ha pasado del 18% al 24%. Para las familias, esto representa un gasto adicional. Al mismo tiempo, debemos enfatizar el papel positivo de las escuelas privadas, que cubren una necesidad real, que ya no es atendida adecuadamente por las escuelas públicas. De paso, nótese que el ahorro presupuestario que el Estado espera lograr al reducir su oferta es en parte ilusorio, ya que la mayor parte de los costos de las escuelas privadas, a saber, la remuneración de los docentes, le corresponden.

En la universidad, el sector privado está progresando muy poco. Uno de cada cinco estudiantes se educó allí en 2013, lo que representa

690.500 estudiantes, un ligero aumento desde 2000. A nivel de secundaria, el sector privado aumentó del 20% al 22% en el mismo período, un aumento significativo. Los establecimientos privados se concentran en unas pocas regiones: educan a más de un tercio de los estudiantes en París y más de la mitad en Vendée. Generalmente son niños de entornos privilegiados: el 36% de los estudiantes privados en la universidad y el 46% en la escuela secundaria tienen padres que son ejecutivos, líderes empresariales o maestros. Como era de esperar, observamos que la oferta privada está más concentrada en las series S y ES, las más demandadas, que en las series L o STMG (ciencias y tecnologías de la gestión y la gestión). En el sector privado, el latín se estudia con más frecuencia que en el sector público.

La dinámica de los establecimientos privados se basa en los buenos resultados de sus alumnos, que no son nada nuevo. Siempre ha habido una tradición de excelencia en ciertas escuelas secundarias privadas denominacionales. Pero el hecho de que estos establecimientos dominen abrumadoramente las clasificaciones es desconcertante. De las 50 universidades con más egresados, 48 son privadas. Los establecimientos públicos valientes que persisten en la lista son dos colegios con vocación internacional en Yvelines, el colegio franco-alemán de Buc y el colegio internacional de Saint-Germain-en-Laye. De las 156 preparatorias con 100% de bac pass en 2013, 143 son preparatorias privadas. Y no se quedan fuera por lo que el ministerio llama valor agregado,

Estos establecimientos privados de excelencia están casi todos bajo un contrato de asociación con el Estado: integrados al servicio público de educación, están obligados a respetar los programas y horarios nacionales; a cambio, los salarios de los maestros son pagados por el Estado, lo que hace que la escolarización sea asequible. Los establecimientos no concertados, que son muy pocos en número, ya que matriculan a unas pocas decenas de miles de alumnos, suelen estar destinados a alumnos que no se sienten cómodos con la educación tradicional o que quedan excluidos de ella por el bajo nivel de sus resultados.

Sin embargo, están llegando al mercado liceos privados fuera del contrato que apuntan a la excelencia. Hoy marginales, pudieron prosperar, al menos en el nivel terminal, debido a la evolución de las estructuras y programas nacionales, poco adaptados a la educación superior. Por ejemplo, después de una serie de cambios conflictivos, los horarios de Historia y Geografía de la serie S se han reducido. La especialidad de matemáticas de la serie ES ya no constituye una verdadera profundización. Por lo tanto, los estudiantes abordan la educación superior con lagunas. Estas carencias invitan al establecimiento de una terminal que combine matemáticas, economía y humanidades, que corresponde a muchos cursos de educación superior y no existe en las escuelas secundarias actuales.

¿Por qué los ejecutivos aceptan poner a sus hijos

en una universidad privada, incluido el reclutamiento popular? Porque tienen la sensación de que allí su hijo estará seguro, que su personalidad será tenida en cuenta y que su progreso no se verá obstaculizado. Una encuesta lo confirma: conozcan o no personalmente los padres la educación privada, las primeras cualidades que reconocen en ella son el seguimiento del alumnado y la calidad de la enseñanza, seguidas del menor absentismo de los profesores y el reducido número de alumnos por clase. . El éxito en los exámenes y el nivel de los estudiantes se encuentran mucho más abajo en la lista.

Es sorprendente que la calidad de la educación impartida se mencione con tanta frecuencia. De hecho, los profesores de estas escuelas son reclutados por los mismos concursos que los del público... pero son menos certificados y tres veces menos agregados. Por lo tanto, su nivel académico es más bajo. Además, es casi tan difícil para una institución privada como para una institución pública deshacerse de un maestro que no da satisfacción. Nos preguntamos, por tanto, sobre qué criterios se hace esta valoración por parte de los padres. Al principio parece reflejar una impresión subjetiva. En realidad, la fortaleza del sector privado es beneficiarse de un mayor número de personal no docente,

permitiendo una supervisión más precisa de los alumnos, para poder seleccionar a sus alumnos, con el fin de eliminar aquellos cuyo nivel evidentemente no es el adecuado, pero sobre todo para poder excluir a los alborotadores.

A los establecimientos públicos les resulta mucho más difícil castigar o excluir a las personas disruptivas. Los rectorados instruyen así sistemáticamente a las escuelas secundarias para evitar los consejos disciplinarios. Es cierto que la exclusión -siempre seguida de la escolarización en otro establecimiento, recordemos- es una sanción fuerte, pero llama la atención que casi nunca se tienen en cuenta los intereses de los demás alumnos. Bajo esta presión de su jerarquía, algunos directores se oponen a los maestros que dicen poder trabajar y gozar de cierta autoridad. He visto así a un director objetar la exclusión de un alumno que enganchó a uno de sus compañeros a un perchero y, en otra ocasión, arrojó una silla a través de la clase, que se estrelló contra la pared justo encima de la cabeza de un compañero. El director consideró más relevante inscribir a los profesores de la clase en un curso de dos días sobre "el manejo de estudiantes violentos". No te puedes imaginar una actitud así en el sector privado.

Una encuesta de 2011 mostró que los mayores motivos de preocupación de los padres por sus hijos involucraban fuertemente a la escuela: estos eran el crimen organizado, la agresión y los juegos peligrosos (juego del velo, etc.) [2]. Destacamos también la importancia que se da a la transmisión de los valores tradicionales, punto fuerte de la escuela privada para un tercio de los que en ella confían a sus hijos. En la escuela media, la solicitud de los padres se refiere, por lo tanto, ante todo al cuidado y la consideración de su hijo. Su bienestar, su educación, su seguridad, la atención prestada a su personalidad preceden a la actuación, especialmente para los niños pequeños. Claramente, existe una creciente duda sobre la capacidad de los establecimientos públicos para responder a estas demandas.

A medida que los estudiantes crecen, la instrucción triunfa sobre la educación. Los establecimientos privados están muy atentos a sus resultados; a veces demasiado, como muestra la siguiente anécdota. Me intrigó un día, en un jurado de bachillerato que yo presidía [3], por el hecho de que varios candidatos libres obtuvieron una "buena" mención. Sin embargo, los candidatos independientes son generalmente estudiantes que han suspendido el examen varias veces y tienen un nivel muy bajo. Por lo tanto, consulté los expedientes de estos candidatos y observé que todos procedían de una prestigiosa institución, la Maison d'éducation de la Légion d'honneur, que había preferido no presentarlos bajo su nombre para no arriesgarse con la menor decepción en la prueba que podría haber decolorado su posición. La historia es antigua y las prácticas potenciales han cambiado en esta fundación. Sin embargo, numerosas escuelas secundarias confidenciales hacen esto; lo que relativiza los espléndidos desenlaces a los que se ha hecho referencia anteriormente.

Santuarios de grandeza de la escuela conservadora, las clases preliminares de las Grandes Ecoles han sido desde siempre el privilegio de las enormes escuelas secundarias públicas, particularmente en París. Esta incomparabilidad está siendo subvertida actualmente. A partir del posicionamiento distribuido por L'étudiant, me concentré en la síntesis de las diez mejores clases preliminares en cada una de las seis áreas que provocaron los concursos significativos en 20156. Les prépas publiques dominent reprise : elles représentent entre sept et neuf des dix meilleures prépas littéraires, sept des dix meilleures prépas scientifiques, entre deux et quatre des meilleures prépas commerciales. Mais le privé sous contrat lié à ciertas ordres religieux est en hausse. Lui aussi beneficie d'une longue custom d'excellence et il proposer souvent des conditions d'encadrement además detendeds à chaque élève que les grands lycées parisiens. Le lycée Sainte-Geneviève fête ainsi child centenaire avec une première place en prépa scientifique.

La demanda crea oferta

En la educación superior, la evolución es aún más clara. El 80% del aumento del número de estudiantes en los últimos diez años está ligado a la formación privada [4]. Estos ahora matriculan al 18% de los estudiantes, en comparación con el 13% en 1990. En ciencias, entre 2004 y 2012, el número de estudiantes cayó en la universidad fuera de la medicina y aumentó en un 40% en las facultades de medicina. ingenieros no universitarios y, en particular, un 45% en el sector privado. Las debilidades de la universidad (ver el capítulo anterior) también abren perspectivas de desarrollo para el sector privado. Así, el curso privado de Clapeyron firmó un convenio con Paris-Ouest en julio de 2014 que permite a sus alumnos ingresar directamente al segundo año de economía-administración de esta universidad. Seguir estos cursos en un grupo reducido cuesta 4.880 euros al año [5].

Las escuelas privadas prosperan donde hay demanda. Esto se alimenta de dos motivaciones bien diferenciadas: el acceso al empleo y los gustos de los jóvenes.

¿Qué mejor manera de ilustrar el atractivo del empleo que con el caso de los cuidadores? Esta profesión es relativamente poco cualificada, ya que no es necesario tener el bachillerato para ejercerla. Está mal pagada: según el INSEE, solo una cuarta parte de las cuidadoras gana más de 1.500 euros al mes, y la proporción de contratos precarios es alta. Es doloroso: el trabajo consiste en ayudar a los enfermos a lavarlos, trasladarlos, llevarles la comida, vigilar su estado de salud, bajo la autoridad de las enfermeras. La contratación se realiza entre los titulares de un diploma estatal, lo que no es muy fácil, dado el nivel inicial de formación de los candidatos. Sin embargo, las cuatrocientas escuelas que preparan este diploma son caras (entre 2.000 euros y 5.000 euros por seis a diez meses) y están llenas. La razón ? Una tasa de paro inferior al 3% para esta profesión considerada "bajo presión" por la encuesta anual de necesidades laborales, lo que hace temer escasez en 2015.

El acceso al empleo vale oro en una sociedad asfixiada por el desempleo. Las tasas de matrícula irrazonables que las familias de bajos ingresos están dispuestas a pagar son proporcionales a su preocupación por el futuro de sus hijos.

La situación es más o menos la misma para las auxiliares de puericultura, con el atractivo añadido de una profesión orientada a los niños. Las escuelas privadas se multiplican para preparar concursos en todas las profesiones paramédicas, asegurar trabajos con buena imagen, si no bien pagados.

Le développement des STS privées s'inscrit dans la même logique de formaciones profesionales donnant accès à l'emploi. Mais elles beneficient d'une concurrence faussée avec leurs homologues publiques, ce qui compense en quelque sorte leur coût élevé (autour de 4 000 euros par an pour un BTS informatique, par exemple). En efecto, las cuotas introduits en 2014 par le ministère dans les STS publiques en faveur des bacheliers professionnels et technologiques écartent les bacheliers généraux, qui, pourtant, sont souvent les meilleurs eléments de ces classes. N'étant pas concernées par ces cuotas, les STS privées récupèrent ces bons étudiants et obtiennent de très bons résultats.

La larga tradición de estos establecimientos, públicos y privados, hace especialmente destacable la irrupción, en este club tan cerrado, de los establecimientos privados sin contrato. Estos establecimientos, de reciente creación, están penalizados con una matrícula mucho más cara (alrededor de 8.000 a 9.000 euros al año) que las escuelas secundarias privadas bajo contrato. Sin embargo, han logrado encontrar un lugar bajo el sol, ya que IPESUP es, con mucho, la mejor preparación económica y comercial de Francia. En esta área, la preparación con fines de lucro ahora domina las clasificaciones y no sería sorprendente si este desarrollo

se extiende ; especialmente porque los cursos preparatorios más avanzados y costosos a menudo tienen números pequeños, lo que los excluye de las clasificaciones, que dominarán cuando hayan ampliado su número.

Cabe señalar que el peso del sector privado en los distintos sectores es proporcional a la rentabilidad de las titulaciones en términos de salario inicial. Pero la especificidad de los preparativos económicos y comerciales también proviene del hecho de que conducen a escuelas de pago. Por lo tanto, la cultura de este sector ha sido durante mucho tiempo compatible con altas tasas de matrícula.

¿Cómo consiguen los preparativos privados no contractuales convencer a los padres de que paguen cuando hay una buena oferta gratuita? ¿Por qué pagarían los estudiantes excelentes cuando tienen una muy buena oportunidad de ingresar a una buena escuela a través de la mejor preparación gratuita? La respuesta es sencilla: hay que estar a la vanguardia, lugar que ha logrado el IPESUP en preparación económica y comercial. Para lograrlo, sabiendo que no son las buenas escuelas las que hacen buenos alumnos sino al revés, el IPESUP prospeccionó sistemáticamente. Hasta 1995, la preparación comercial duraba un año. Muchos alumnos repetían este año tras ser elegibles y reprobar el oral. Por lo tanto, tenían una muy buena oportunidad, con un año más y fuerte de su experiencia, de integrar las mejores escuelas un año después.

Cap Educación Superior no procedió de otra manera al pasar de la tutoría a la organización de un año preparatorio. En 2013, la compañía lanzó Cap Cube, preparación específica para repetidores de segundo año (el

" cubos "). La fórmula se basa en la combinación de clases en las instalaciones de la escuela, en número reducido por sus condiciones de hacinamiento, y clases en casa, una fórmula muy controlada que permite jugar con las ventajas fiscales y solicitar a los alumnos en el colegio. , significativamente más barato que los profesores titulares. Al elegir bien a sus alumnos, Cap Cube ha obtenido excelentes resultados desde su primera promoción, lo que le da credibilidad para considerar su expansión.

Autre stratégie mise en place standard les prépas privées, mais qui semble être parfois utilisée aussi standard ciertas prépas publiques (!): le recrutement d'étudiants d'une autre filière que celle prévue standard les textes officiels. Depuis des années, Certaines prépas réservées aux bacheliers ES ou STIDD (ciencias e innovaciones de la industria) accueillent (illégalement) des bacheliers S. Pour maquiller cette entorse aux règlements, Certaines prépas privées estilo textual repasser un

bac ES a sus estudiantes financieros de S, lo que representa un pequeño problema para ellos, después de un tiempo de preparación y solo tienen las pruebas de matemáticas, finanzas y sociología para imprimir. Esta forma de no hacer el juego impide que las acciones del Estado reequilibren las áreas y cambien las representaciones. Estos planes petulantes, incluso claramente ilegales, son una representación decente de lo que le sucede a un marco que abre áreas de fuerza para atraer a grandes e insolubles estudiantes.

Escuelas vocacionales

Las principales escuelas privadas de negocios e ingeniería también están creciendo con fuerza. El problema para estas empresas es la fuerte competencia de las escuelas públicas o asociativas de alto rendimiento. Por lo tanto, intentan mantenerse al día con las nuevas demandas de los empleadores o compensar su alto costo con menos selectividad. Su progreso es a veces deslumbrante: uno de cada tres estudiantes de ingeniería ahora está en una escuela privada, a pesar de que las escuelas públicas son casi gratuitas.

A diferencia de las prépas y los lycées, las instituciones privadas de educación superior generalmente contratan a su personal fuera del estado. Su estatus legal es diverso: asociaciones, empresas (a menudo integradas en grupos), estructuras afiliadas a cámaras de comercio. Suelen tener fines lucrativos. Se financian únicamente con las tasas de matrícula, pero también pueden beneficiarse de la asignación del impuesto de aprendizaje a las escuelas. Por lo tanto, tienen un interés particular en cultivar sus buenas relaciones con las empresas.

Estas escuelas privadas ofrecen una formación profesional, que da un buen acceso al empleo o que corresponde a los sueños de los adolescentes (piloto, veterinario, diseñador de videojuegos, estilista, etc.). La formación informática, por ejemplo, se centra en Internet, porque la formación pública tradicional se ha quedado rezagada en la identificación de necesidades y porque los trabajos en Internet atraen a los jóvenes. Varias escuelas de negocios apuestan por el lujo, lo que permitirá a jóvenes de muy buena posición potenciar su conocimiento personal del tema, su red social y su excelente presentación.

Al crear una escuela de informática con su propio dinero, el jefe de Free, Xavier Niel, ha demostrado claramente que la oferta existente no cubría las necesidades de su empresa. Evidentemente, los profesores de informática de las universidades saben que es necesario formar diseñadores web, arquitectos empresariales,

teléfonos inteligentes , especialistas en seguridad informática, etc. Pero los cursos universitarios suelen tardar en adaptarse.

La ley ilustra bien la capacidad de las escuelas privadas para invertir en áreas en las que se percibe una carencia. Con la medicina, es el único sector profesional de prestigio en el que no existe una gran escuela. Pero, en los últimos años, han florecido iniciativas de todo tipo para remediar esto. HEAD (Escuela de Estudios Superiores de Derecho Aplicado) moviliza profesores de París-I y profesionales al servicio de la enseñanza multidisciplinar. Por 12.800 euros al año, esta escuela ofrece cursos de nivel de maestría en francés e inglés. También imparte un LLM (Diploma anglosajón, equivalente al MBA en derecho). Está a la espera del reconocimiento oficial, que probablemente llevará algunos años. Science Po Paris también ha creado una facultad de derecho, en el segundo y tercer ciclo. Las principales escuelas de negocios también ofrecen maestrías en derecho comercial. Estas iniciativas constituyen el embrión de grandes facultades de derecho por venir, las cuales vemos serán muy costosas, ya sean públicas o privadas. La diferencia entre los dos también es difícil de percibir.

No se trata, por tanto, de negar la utilidad y eficacia de las escuelas privadas, sino de lamentar que los cursos de formación que mejor se adaptan al mercado laboral sean tan costosos para las familias.

El desarrollo también es muy fuerte en las aplicaciones de la computación a la educación. El poder público canaliza la innovación, a riesgo de sofocarla. La incapacidad del Ministerio de Educación Nacional para introducir, hasta ahora, la computadora en el aula ha abierto por el contrario una vía a la iniciativa privada. Sin embargo, Francia tiene activos para sobresalir en esta área: una brillante industria de software, videojuegos y servicios informáticos, financiación pública para la educación continua, la participación de actores públicos como el Banco Público de Inversiones (BPI) o la Universidad digital de Francia (FUN).

La convergencia entre educación y TI está ocurriendo rápidamente para crear una oferta de capacitación en línea diversificada e innovadora. Un ecosistema de e-learning y tecnologías educativas, las "EdTechs", parece estar eclosionando en Francia, simbolizado por la expresión "French Touch Education" por analogía con el único movimiento musical francés que ha logrado exportar desde Mauricio. Caballero o casi. La conferencia organizada por LearnAssembly en diciembre de 2014 fue un buen ejemplo de esta convergencia:

los ponentes procedían de las principales escuelas (ESSEC, SKEMA [Escuela de Economía y Gestión del Conocimiento], etc.), empresas emergentes que ofrecen formación en línea (Openclassrooms, 360 Learning, etc.), certificación (Cocertify, ProctorU), cursos de apoyo (Acadomia) , juegos educativos (Magic Makers), aplicaciones educativas para smartphones y tabletas (Myblee, EduPad, etc.), pero también instituciones (BPI, FUN, etc.), TI (Microsoft, Codewire, etc.) o contratación (Link Humans) . Sorprendentemente, los editores escolares estuvieron ausentes.

Las empresas de EdTech se dirigieron originalmente al mercado de la educación continua corporativa, que tiene el mérito de ser real y solvente. Pero rápidamente se interesaron por los juegos educativos, que las start-ups francesas logran exportar a Estados Unidos. Falta aún un eslabón imprescindible para invertir la escuela: el equipamiento general de los alumnos en ordenadores o tabletas.

Vendieron parte de sus residencias de ancianos en buenas condiciones financieras y reinvirtieron el capital en la adquisición de escuelas de computación, con la idea de que sus habilidades para construir y administrar establecimientos que acogieran público podrían aplicarse efectivamente a la enseñanza. Con el objetivo de estar presentes en todas las grandes ciudades para construir una marca, apelaron a un fondo de inversión para financiar su desarrollo.

No se debe prever que TI se quede fuera de los cimientos. Mi escuela secundaria, por ejemplo, tiene una armada de 450 PC, para 1800 estudiantes de diferentes niveles. De esta manera, es posible construir grupos instructivos utilizando PC, dado que se lleva a cabo una sala específica y ese tiempo se puede abrir en programas que a menudo son completos. Sin embargo, cambiar a la computación individualizada es una diferencia completamente única. Doy a mis alumnos de primer y único año la posibilidad de tomar notas en un medio avanzado (PC, tableta, teléfono con consola externa), pero apenas la mitad aprovecha esta puerta abierta, tanto porque no pueden hacerlo en la mayoría de otros cursos -de hecho, las normas internas prohíben su uso- y porque contar con material de lectura informatizado en todos los formatos sería una gran confusión. Si bien algunas fundaciones confidenciales han hecho todo lo posible, equipando a los estudiantes con una máquina apilada con todos los libros de texto a principios de año, parece ser un desafío ganar terreno aquí sin el impulso de los expertos locales o el Estado. . Esto podría tomarse rápidamente, modificando los grados significativos de los planes de gasto y reasignando totalmente las tarjetas.

¿De dónde viene el dinero?

Cada vez más, cuando se dirige a los estudiantes de secundaria hacia la educación superior, los foros de docentes, como los de los estudiantes, están repletos de preguntas puntuadas con siglas: "¿Cuánto vale el EIAS? », « ¿Quién ha oído hablar del CSFMG? », « ¿Es mejor ir al GEM o al ESC Rennes? » Se acabó la época en que la orientación era elegir entre prepas y universidades. Pero, ¿de dónde vienen estas escuelas privadas que hace diez o veinte años no existían? ¿Cómo pudieron surgir tan rápido?

Sorprendentemente, el dinero para estas escuelas privadas proviene primero de fondos de inversión. La educación parece ser el nuevo Eldorado del capital privado, esos fondos de inversión de alto nivel que han invertido en clínicas y residencias de ancianos. El grupo bordelés Auvence también ha vendido parte de sus residencias de ancianos para comprar escuelas de informática y diseño. Esto es sorprendente porque, a pesar del aumento de los precios, parece difícil generar márgenes de beneficio significativos en la educación superior. El hecho de que, a pesar de su prestigio, las escuelas consulares como HEC sólo puedan lograr el equilibrio financiero con el aporte de las cámaras de comercio, atestigua la dificultad de obtener una alta rentabilidad de la educación. Pero, ¿quizás el prestigio está ligado a una calidad de servicio costosa?

Un estudio más detallado del grupo de Auvence permite comprender mejor el origen de los fondos y la lógica de los inversores. Auvence fue fundada en

2006 en la región de Burdeos por dos ex judokas de alto nivel que se convirtieron en agentes inmobiliarios. Compraron residencias de ancianos medicalizados que necesitaban rehabilitación y luego, de especialistas en construcción, pasaron a ser gerentes de estos establecimientos. Propietarios de unos quince establecimientos, afirmaban querer adquirir hasta cincuenta. Sin embargo, se dieron cuenta de que no serían capaces de alcanzar el tamaño crítico frente a gigantes que en ocasiones llegaron a tener cerca de doscientos establecimientos. En 2010, por lo tanto, decidieron retirarse del sector.

123venture es una empresa de capital de riesgo que ofrece inversiones de alto rendimiento o que evaden impuestos a personas adineradas. Los fondos creados por esta empresa compran y revenden, a un ritmo bastante constante, participaciones en empresas que no cotizan en bolsa. También prestan dinero a las empresas mediante la compra de bonos, posiblemente convertibles en acciones, que estas empresas emiten para financiar su desarrollo. Interesado en pequeñas empresas, que son inherentemente frágiles, el fondo asume riesgos significativos. Estos pueden ser recompensados con altos rendimientos, ya que las pequeñas empresas tienen un alto potencial de crecimiento. Sin embargo, la razón principal de las inversiones operadas por 123venture es su atractivo fiscal. [7]. Las cuentas de 123venture muestran que la rentabilidad de sus fondos no ha sido muy fuerte en los últimos años. Muchos fondos pierden dinero antes de revender las participaciones, lo que significa que necesitan encontrar compradores para equilibrar su situación. Pero si se tienen en cuenta las ventajas fiscales, la rentabilidad es mucho mejor.

Las inversiones en educación no son necesariamente muy rentables a corto plazo. Pero el valor de las escuelas también se basa en su propiedad inmobiliaria, que aumenta a medida que aumentan los precios y les brinda una buena estabilidad financiera para las PYME. Claramente, para un inversor, es mejor comprar una empresa cuyo valor se basa en locales en el centro de la ciudad que máquinas con una vida útil limitada o las habilidades de los equipos que corren el riesgo de dispersarse.

El gasto en educación no es muy sensible a las condiciones económicas. Además, el mercado escolar está explotando, por lo que el inversor que quiere recuperar sus fondos revende con bastante facilidad. Finalmente, podemos suponer que la demanda seguirá creciendo y, dado el pasado reciente, podemos dudar seriamente de la capacidad de la Educación Nacional para satisfacerla. La llegada de los fondos de inversión es por tanto lógica. Es más, notamos que los interesados en la educación son generalmente especialistas en la industria hotelera o de la salud, servicios personales que requieren una gran cartera de propiedades.

Esta lógica obviamente implica riesgos. "Estoy encantada de que la elección haya recaído en Apax Partners, que comparte la filosofía del equipo directivo de INSEEC: la creación de valor en el ámbito de la educación se basa principalmente en la calidad de la formación [8]", afirma Catherine Lespine, directora general de la Grupo INSEEC, que agrupa en particular a las escuelas de negocios, de gestión y de comunicación. De hecho, nadie esperaba oírle decir que la estrategia del grupo se basaba en abaratar costes. Sin embargo, la calidad es cara y los precios ahora están muy cerca del máximo que las familias pueden pagar. La tentación de aumentar el número de empleados o reducir las horas de clase para aumentar la rentabilidad a corto plazo y satisfacer a los accionistas es, por tanto, real.

La llegada de los fondos de inversión marcó la transición a una segunda generación de lucrativas escuelas privadas. Los fundadores establecieron su escuela con la ayuda de los bancos y la desarrollaron lentamente, a través del crecimiento interno. El recurso a financiadores externos responde a un deseo de acelerar el crecimiento de la empresa o corresponde al tiempo de transmisión. Se traduce en integración dentro de grupos cada vez más grandes. Así, Ionis cuenta con una veintena de escuelas de ingeniería, empresariales, informática y diseño. Studialis es un grupo de veinticuatro escuelas, enfocado en el comercio y la creación, INSEEC tiene catorce escuelas (incluyendo Supsanté, la preparación médica que ya hemos conocido [ver pág. 14]). El curso Pigier, famoso durante décadas por su formación secretarial (fue fundado en 1850),

Al mismo tiempo, el interés mostrado por grandes grupos estimula a los creadores, que pueden aspirar a vender su negocio y así ganar el premio gordo al cabo de unos años, sobre el modelo de la "nueva economía" que gravita en torno a internet. Crossknowledge, una pequeña empresa de Suresnes especializada en formación en gestión a distancia, fue comprada en 2014 por 175 millones de dólares por el grupo estadounidense Wiley.

Por lo tanto, el sector atrae empresas emergentes, fundadas por profesionales de negocios experimentados o por jóvenes docentes. Según L'Express [9], el otoño de 2014 es el de recaudación de fondos: 900.000 euros para Lelivrescolaire.fr, 1,2 millones de euros para Kartable así como para 360Learning, 3,2 millones de euros para Coorpacademy.

En esta primera fase de consolidación, se nota la práctica ausencia de grupos puramente educativos. Montefiore fue lanzado por un exjefe de ACCOR, un gigante hotelero mundial. El fondo especializado Octant fue lanzado por el millonario Robert Zolade (85ª fortuna francesa). Detrás de Studialis está el fondo suizo Bregal, lanzado por la familia Brenninkmeijer, propietaria de las tiendas C&A. Tenemos la sensación de que estas personas se dijeron a sí mismas que era hora de pensar en la educación como comida rápida o distribución y que sus habilidades les permitieron invertir en este mercado.

La segunda etapa de consolidación es el lanzamiento de importantes fusiones y adquisiciones, como en otros sectores. A finales de 2013, INSEEC fue vendido por su propietario, el gigante estadounidense Career Education Corporation, a Apax Partner, por la pulcra suma de 200 millones de euros. Apax es un poderoso fondo de inversión, que tiene en sus participaciones a Altran Technologies y Alain Afflelou. Esta fase se puede explicar: "La fuerza del grupo INSEEC es su tamaño, su fuerte presencia internacional, su amplia gama de programas y su red de ex alumnos", dice la Sra. Lespine. [10] _ Obviamente podríamos reemplazar "INSEEC" con el nombre de cualquier otro grupo.

Los grupos intentan hacer en educación lo que (no siempre) ha tenido éxito en otras actividades: transferir buenas prácticas. Cabe señalar que existen muy pocos cursos de formación en... la gestión de establecimientos educativos. En este sector, las recetas del éxito siguen siendo muy empíricas, incluso inciertas. Tanto es así que un grupo intentará difundir en sus escuelas ideas exitosas, en términos de gestión, pedagogía o reclutamiento, haciendo circular información o creando una pequeña unidad de investigación.

El tamaño de un grupo le permite construir formaciones como Lego, combinando ladrillos, de acuerdo con las especializaciones disponibles en las distintas escuelas. Esto evita que los estudiantes tengan que especializarse demasiado, o incluso les permite llegar al mercado laboral con un conjunto de habilidades duales. Sin embargo, no es fácil para una escuela de computación brindar buenos cursos de administración. Un grupo con escuelas especializadas podrá hacer esto mucho más fácilmente. Gracias a esta variedad de formaciones, incluso es posible ofrecer cursos a la carta en las diferentes escuelas del grupo.

Otro punto fuerte de los grupos es su presencia en varios países, lo que favorece la organización de prácticas y movilidad y permite darse a conocer fuera de las fronteras y captar estudiantes extranjeros. La obsesión de las escuelas es, de hecho, construir una marca.

Marca

Si, en los foros, los estudiantes discuten sin cesar para saber si una escuela es mejor que otra, el juez de paz es generalmente la imagen de marca, manifestada a través de las elecciones de los estudiantes: entre los estudiantes admitidos en dos escuelas, ¿cuántos elegir el primero y cuantos el segundo? Uno de los desafíos en la creación de grandes grupos es crear marcas fuertes, lo que requiere tiempo y recursos. Porque estas son las marcas que atraen a los estudiantes y justifican los precios altos. Cincuenta y tantos con múltiples éxitos profesionales se presentan por primera vez como "ex alumnos de la ENA",

"X-ENSAE", etc. Los alumnos saben que la marca con la que se asociarán les seguirá a lo largo de su carrera. Mucho tiempo después de irse, suelen ser entusiastas seguidores de su escuela.

Por el contrario, en la jungla de siglas que se parecen todas, es difícil orientarse. Muy a menudo los alumnos me dicen: "Me llevan a la ESCE. Es bueno ? Pasaron el concurso y se apuntaron por cinco años sin poder evaluar con precisión el nivel y las especificidades de la escuela. La marca es una respuesta a esta incertidumbre. Por lo tanto, las marcas prestigiosas son muy codiciadas.

Pero construir una marca lleva tiempo. Los sitios de las principales instituciones educativas todavía exhiben fotos de capillas neogóticas, bibliotecas con paneles, frontones majestuosos, graduados en togas.

Su logo es un escudo de armas adornado con símbolos medievales. A medio camino entre Harry Potter y El nombre de la rosa, este simbolismo es una importante garantía de autenticidad. La referencia a las costumbres se multiplica por la lista de mayores de renombre. Los parisinos aclimatados con la escena en ruinas de las salas de estudio sin preparación y las heladas terrazas de la Sorbona no pueden imaginar la fuerza de este nombre sencillo en el mundo académico.

Las organizaciones que no pueden explotar este tipo de legado están condenadas a un trabajo serio de exhibición, convencimiento, presencia en los esquemas (que como veremos es desorbitado), construcción de estructuras extensas y excepcionales. Para decirlo claramente, el tema de la marca incluye especulaciones de peso. Las reuniones están claramente tentadas a comprar una escuela con una marca y extender los beneficios a sus escuelas en general.

Para cerrar, el peso de las escuelas privadas está así indiscutiblemente en ascenso, en todos los niveles del sistema escolar. La cantidad de estudiantes a los que enseña aumenta, así como sus posiciones en el orden jerárquico de las escuelas. El debilitamiento de las escuelas financiadas por el estado desde mediados de la década de 2000 abre oportunidades para ampliar las porciones privadas del pastel, sobrecargando la forma de vida de las familias. La peculiaridad más sorprendente es la mejora de las organizaciones privadas, empresariales y lucrativas en los campos profesionales. Estas escuelas, por lo tanto, están principalmente presentes en la educación superior. Su adaptabilidad y su capacidad de progreso son intrigantes, especialmente porque dependen de un poder monetario considerable.

Sin embargo, los padres franceses están menos dispuestos a pagar la educación de sus hijos que los de Asia o los países anglosajones. Según una encuesta realizada por el banco británico HSBC en 2014 [11], solo el 50 % entiende que hay que pagar para estudiar, frente al 75 % u 80 % en otros lugares. También se encuentran entre los menos convencidos de que la educación es la mejor inversión que pueden hacer por sus hijos.

Sea como fuere, las escuelas privadas especializadas ahora constituyen un componente integral del sistema de educación superior, junto con la universidad y las Grandes Ecoles. Este cambio solo puede acelerar la devaluación de la universidad y reforzar considerablemente las desigualdades ligadas al ingreso familiar, entre la minoría de quienes acceden a estas escuelas y quienes permanecen fuera de sus puertas.

Capítulo 6 Notas

1. Presentación del Cours Molière en su sitio web, www.cours-moliere.com.

2. TNS SOFRES, "Las dificultades y expectativas de los padres", noviembre 2011.

3. El bachillerato que da acceso a la universidad, formalmente los jurados de bachillerato están presididos por un profesor universitario. Pero rara vez viene e, incluso en este caso, no está familiarizado con los procedimientos. Por tanto, se nombra un vicepresidente dentro del jurado, que asume efectivamente las funciones de presidente.

4. INSEE, Treinta años de vida económica y social, INSEE, París, 2014, www.insee.fr.

   1. Ante la emoción suscitada, el presidente de Paris-Ouest anunció sin embargo en 2014 que quería denunciar este acuerdo.

2. Economía y economía comercial (1) o científica (2), física matemática científica

   (3) o física-química (4), letras literarias y ciencias sociales (5) o letras (6).

   3. Sin embargo, la limitación de las lagunas fiscales desde 2013 podría tener efectos muy negativos en estos fondos.

4. Comunicado de prensa de socios de APAX, 24 de

octubre de 2013.

5. Emanuel DAVIDENKOFF, "Top teacher",
www.lexpress.fr, 5 de diciembre de 2014.

6. Christine L.AGOUTTEy Yann L.EGALES, "El grupo INSEEC quiere convertirse en el líder mundial en formación de lujo el 27 de enero de 2014.

7. *Informe mundial de HSBC. El valor de la educación, trampolín para el éxito*, septiembre de 2014.

7

El mercado mundial del conocimiento

"Noticias alentadoras para las personas que ven el cambio escolar como un método para ganar dinero: otro informe calcula el mercado mundial de la formación en 5,4 billones de dólares cada 2015 [frente a los 27.000 millones de dólares de 1995]1.»

VSande ha nacido , los resultados de los preparativos de la escuela secundaria de Quesna pueden haber sido increíbles: cerca de la mitad de los estudiantes fueron a escuelas generalmente excelentes, doce de los cuales fueron a la École Polytechnique. De todos modos, subraya el responsable de la prepas, las aulas serán las más desocupadas dentro de un año que la fundación haya conocido. Esto se explica por la multiplicación de renuncias tardías de estudiantes recluidos en Quesnay, pero también llevados a McGill (Canadá), Cambridge o Londres y que prefieren el viento de mar a las aflicciones de las matemáticas superiores.

La gente se está lanzando por completo al extremo profundo de la globalización con mucha más fuerza que antes. Las escuelas también. Esta peculiaridad se razona coherentemente a partir de lo anterior. Incluyendo el ascenso del sector privado empresarial, la expansión de la disposición a pagar de las familias, la producción de reuniones con fuertes bases monetarias, la pesadez del inglés y la necesidad de encontrar el mundo durante los exámenes, se concluye que Francia está madura para unirse el mercado global de la educación que se está desarrollando rápidamente ante nuestros ojos. Por lo tanto, este capítulo cuenta una historia de grandes grupos financieros y estrategias planetarias. Se siente un poco como pasar de la guerra de fuego a la guerra de las galaxias y, sin embargo, está sucediendo cerca de casa.

La primera globalización

A pesar de la imprecisión de este tipo de mediciones, la Unesco (Organización de las Naciones Unidas para la Educación, la Ciencia y la Cultura) estimó que las personas que estudiaban en el extranjero eran al menos 4,5 millones en 2014, una cifra que se ha duplicado en diez años y crece cada vez a un ritmo más acelerado. La mitad se concentra en los cinco principales países anfitriones: Estados Unidos (19 %), Reino Unido (11 %), Australia (8 %), Francia (7 %) y Alemania (6 %). Otras fuentes dan resultados ligeramente diferentes, clasificando a Francia por delante de Australia y Alemania. Sobre todo, la Unesco se olvida de China, tercera clasificada por el Instituto de Educación Internacional, una asociación estadounidense.

290.000 estudiantes "internacionales" [2] » estaban matriculados en establecimientos de educación superior franceses en 2012-2013. Representaban uno de cada ocho estudiantes. En Reino Unido y Australia, países que se han especializado en educación superior, uno de cada cinco estudiantes proviene del exterior. Cabe señalar que Francia ha logrado mantener su "cuota de mercado", para usar la expresión de la OCDE, mientras que la de Estados Unidos se ha derrumbado, ya que fue

28% en 2001. Estados Unidos sigue siendo atractivo, pero enfrenta una competencia mucho más fuerte que en el pasado.

La globalización de la captación de estudiantes

conduce a su concentración. Las mejores universidades del mundo hoy dan la bienvenida más allá de las fronteras nacionales. Los moocs (cursos en línea) son una muy buena manera de escalar la detección de talentos. En 2013, una mujer paquistaní de 12 años fue la estrella del foro de Davos, que reúne a empresarios y políticos para discutir asuntos mundiales. Entrevistada por una estrella del periodismo estadounidense, Khadija cuenta que a los diez años se inscribió en un curso en línea sobre inteligencia artificial, ofrecido por la empresa especializada Udacity. Después de completar con éxito (!) el curso, se matriculó en física y recibió la evaluación más alta. Otro pequeño genio recibió un boleto de avión para continuar sus estudios en los Estados Unidos. Con este tipo de anécdotas, las universidades estadounidenses pueden propagar la idea de que reúnen a las mentes más brillantes del planeta.

Obviamente, el fenómeno es acumulativo: cuanto más aumenta la reputación de ciertas universidades, más buenos estudiantes de todos los orígenes quieren ir allí, lo que aumenta aún más el nivel. Así, la London School of Economics se ha vuelto casi inaccesible para mis alumnos, en competencia con muchísimos estudiantes chinos e indios, de muy alto nivel... y que pagan matrículas significativamente más altas. En los Estados Unidos, más estudiantes de doctorado provienen de la Universidad China de Tsinghua, de la que usted, como yo, nunca ha oído hablar, ¡que de cualquier universidad estadounidense! Más de la mitad de los doctorados en ciencias e ingeniería otorgados en universidades estadounidenses desde 2006 han sido otorgados a estudiantes internacionales, principalmente chinos, indios y coreanos.

Otra de las razones de este ascenso meteórico es precisamente el surgimiento de países en vías de desarrollo. Las élites chinas o indias ahora incluyen decenas de millones de familias que tienen los medios para enviar a sus hijos a estudiar en el extranjero. Por razones culturales, el prestigio de la educación suele ser muy fuerte. El alcalde de un pueblo grande en la provincia de Sabah, en la isla de Borneo, me explicó un día con orgullo que todo el pueblo se había unido para permitir que un brillante sujeto del pueblo saliera para su segundo ciclo. en California Las perspectivas financieras que abre la inversión educativa de estas poblaciones obviamente hacen salivar a las empresas del sector. Los asiáticos ahora representan la mitad de los estudiantes internacionales en el mundo, una proporción que aumentará. El número de estudiantes chinos en el extranjero se quintuplicó entre 2000 y 2012 y ahora supera los 700.000; el número de saudíes se ha multiplicado por seis hasta los 60.000, ¡más que los estadounidenses!

Al igual que los productos extranjeros, las principales universidades occidentales disfrutan de un gran prestigio. Así como las marcas japonesas solían tomar nombres anglosajones (Kenwood, por ejemplo), algunas universidades asiáticas usan nombres que suenan anglosajones. Pero el expediente engaña a pocas personas. Son las principales instituciones anglosajonas las que atraen a los estudiantes asiáticos. Para la burguesía de Beijing, nada es más elegante que enviar a sus hijos a estudiar a Eton, a veces desde la escuela primaria. El régimen, teóricamente comunista, no encuentra nada malo en ello: ya han pasado casi veinte años desde que una gran ciudad china tuvo su primer alcalde educado en Harvard. Por lo tanto, no sorprende que los estudiantes chinos primero se apresuren a países anglosajones. Son 200.000 en Estados Unidos, 90.000 en Australia y casi 70.000 en el Reino Unido. Lo mismo es cierto para los indios, particularmente por razones etimológicas. En lo que respecta a su país, Francia invita principalmente a estudiantes africanos y chinos.

Obviamente, invitar a estudiantes desconocidos no es solo una cuestión comercial, sino también una parte importante del poder delicado, del impacto social y político. Francia afirma, por ejemplo, que la reunión de estudiantes se suma a su impacto mundial y apoya a la Francofonía. Las naciones socialistas lo entendieron bien en general: recordemos que muchos jefes de naciones emergentes pensaron, con todos los gastos pagados, en la Asociación Soviética o en China.

Por otra parte, es en el nivel político donde se concentran las experiencias en el extranjero más disuasorias, debido a los prohibitivos arreglos de visa establecidos en los EE. UU. después del 11 de septiembre, en Australia o en Francia. El menor atractivo de los EE. UU. últimamente se explica en gran medida por estos problemas. En Francia, los problemas que experimentan los estudiantes desconocidos para tener la opción de intentar respaldar sus exámenes también constituyen un freno. Los estados en este sentido parecen estar en conflicto entre el poder delicado y la aprensión por los extraños. La inconsistencia lógica entre sus objetivos refleja, es válido,

Los suplentes globales comprenden un mercado importante, incluso si la información que les concierne es algo incierta. Seguramente se suman a la economía a través de los costos educativos que pueden pagar, pero también a través de sus costos continuos. Según una estimación del Servicio Inglés de Educación, los estudiantes de todo el mundo aportaron al Reino Unificado 17 mil millones de euros en 2009, recordando 2,6 mil millones para gastos educativos. En EE.UU. estamos hablando de 24.000 millones de euros. En Australia, los 13.000 millones de euros asociados a estudiantes internacionales lo convierten en el tercer mayor récord actual. También se debe tener en cuenta que los estudiantes desconocidos a menudo pagan más que los nacionales, por lo que facilitarlos es realmente productivo para las universidades.

Invitar a estudiantes desconocidos es el período principal de la globalización de la formación. Para las naciones colonizadoras como el Reino Unido o Francia, es una práctica antigua. Francia también sigue siendo un campo de preparación para las élites africanas de habla francesa. Sin embargo, entramos en una segunda era de globalización de los estudios, marcada por la mejora de los sistemas. Las universidades ya no se contentan con traerles estudiantes, se conectan con ellos creando títulos en línea y, lo que es más importante, asegurándose en el extranjero.

Educación, industria global

Una escuela o universidad que tiene campus en varios países puede llamarse educación multinacional. Según la académica Rosa Becker [3], el número de estas multinacionales pasó de 24 en 2002 a 82 en 2006 y 162 en 2009. A este ritmo, hoy podrían ser unas 400. se convierte en un lugar común, se deben distinguir varios escenarios. Algunas escuelas celebran acuerdos o crean filiales principalmente para proporcionar a sus estudiantes lugares para estudiar en el extranjero. Otros buscan desarrollarse en el extranjero, en una lógica de influencia o aumentar su volumen de negocios y sus ganancias mediante la captación de nuevos estudiantes. Finalmente, está el caso de los grupos financieros que compran escuelas en varios países y se convierten en empresas educativas multinacionales.

En Francia, las universidades extranjeras no están muy presentes. Pero los grupos financieros están invirtiendo con ganas . Muchos fondos de inversión son anglosajones y llegan al mercado francés con una gran experiencia y un capital respetable. La motivación de estos fondos es invertir en un nuevo mercado, mientras que su mercado interno está cerca de la saturación. Al mismo tiempo, la presencia de larga data de las escuelas privadas hace que este mercado sea más accesible que el de los países donde la educación es esencialmente pública y gratuita. Otra motivación para la inversión en Francia por parte de estos grupos es penetrar, por este medio, en el mercado de los países en desarrollo de habla francesa, cuyas élites desean escapar de un sistema educativo nacional fallido.

La llegada de grupos anglosajones provoca un cambio de escala. Pigier, ISCOM (Instituto Superior de Comunicación y Publicidad) y las escuelas de negocios IPAC forman así parte de Eduservice, perteneciente a Duke Street, un fondo británico con más de 2.000 millones de euros de facturación anual. [4]. IFG, ESCE y EBS, tres escuelas de negocios, han sido adquiridas por Laureate International Universities. Este gigante grupo estadounidense (4.000 millones de dólares de facturación) está presente en una treintena de países y educa a 800.000 alumnos. Entre sus accionistas se encuentra el fondo KKR, mundialmente conocido en los mercados financieros por sus audaces operaciones de compra de empresas financiadas con deuda... que reembolsa la venta de piezas de las empresas adquiridas. Desde su creación, hace casi cuarenta años, este fondo se enorgullece de obtener una rentabilidad media del 27%, lo que es extraordinario.

Los grupos franceses no se pierden la llamada de esta fase de la globalización. Así, bajo el liderazgo de su nuevo propietario, el grupo INSEEC prevé implantarse en China, Corea o Brasil. Los grupos privados no tienen el monopolio de esta orientación: como hemos visto, ESSEC, Centrale y muchos otros han abierto campus en el extranjero, que promueven las prácticas para sus estudiantes de Francia, pero también la contratación local. Como en otras áreas, el mercado asiático es el primer objetivo. La Escuela

Central de Hyderabad presenta un modelo interesante: está íntegramente financiada por Mahindra, un grupo industrial que busca formar líderes empresariales en lugar de la rentabilidad a toda costa. El grupo indio aporta capital, pero también una sólida reputación. La escuela francesa aporta su saber hacer,

Los grupos internacionales dotan a los colegios privados adquiridos de recursos financieros para invertir y mejorar su posición y de socios internacionales que les otorgan una importante ventaja competitiva, en un momento en el que la apertura internacional se hace imprescindible. Grandes grupos están invirtiendo en Moocs, que suponen una auténtica revolución económica. De hecho, la restricción de la educación es que necesitas un maestro frente a los estudiantes. ¿Cómo, en este caso, obtener ganancias de productividad? Aumentar el tamaño de la clase reduce la calidad. Por otro lado, multiplicar al profesor por videoconferencia abre fantásticas posibilidades: con un solo sueldo de profesor a pagar, se puede llegar a una infinidad de alumnos.

Por lo tanto, Laureate International Universities ha tomado una participación en Coursera, que produce cursos de profesores de Stanford, Princeton, CalTech, Normale sup y Polytechnique. Para un grupo con escuelas, aquí hay enormes sinergias potenciales: las escuelas obtienen cursos de Coursera, lo que no les cuesta mucho, ya que estos cursos se distribuyen en masa. Por el contrario, aprueban los exámenes y permiten así la certificación de los cursos impartidos por Coursera.

Otra consecuencia de la formación de grupos es la estandarización de las prácticas de gestión. Se trata de imponer un modelo a todo el grupo, con indicadores de eficiencia, objetivos a alcanzar, métodos de gestión, etc.

Este modelo encuentra su última estructura con las EMO o asociaciones de administración instructiva que se están constituyendo en EE.UU. Esta abreviatura fue fabricada por relación con HMOs, asociaciones que se han creado en EE.UU. en el campo del bienestar. Intermediarios entre la aseguradora que indemniza por la contraprestación y las clínicas de urgencias, especialistas en medicamentos o especialistas que la otorgan, estas HMO imponen pautas, como la duración de la hospitalización por una determinada patología o la marca de medicamento que puede avalar un especialista.

En el campo de la capacitación, los EMO diseñan (cómo diseñar un plan, evaluarlo, rastrear a los educadores, seleccionar a los suplentes, etc.) y revisar (¿cuántos educadores por suplente? ¿Cuántos metros cuadrados por suplente? normal gastos de preparación?, etc.). También pueden fomentar procedimientos educativos. Deben elegir "grandes prácticas" y dispersarlas dentro de la reunión. Los EMO anteriormente invirtieron recursos en el campo de las escuelas por contrato: algunos estados estadounidenses otorgan a cada uno de los tutores de cupones de capacitación para estudiantes que usan en su base preferida, para llevar la regla de la competencia a la 'educación'. Anticipan una mejora en el marco. Uno puede imaginar que las reuniones de las escuelas justificarán su procedimiento en este modelo.

Estas prácticas son socias de la aparición de capitales que buscan sorprendentes puertas abiertas para el beneficio y arbitran entre intereses de escolarización, clubes recreativos, residencias de ancianos o centros penitenciarios. Los inversores claramente quieren saber si su efectivo se está utilizando de manera consciente (responsabilidad). Sobre la base de la experiencia acumulada, los EMO podrán decir más allá de cuántas horas de lecciones siempre que un curso de capacitación deje de ser rentable, por ejemplo; o cómo llevar a cabo una política salarial que anime a los docentes a dar lo mejor de sí sin que les cueste demasiado. Pero la tensión entre calidad y rentabilidad no siempre es fácil de reducir y los actores de la educación corren el riesgo de reaccionar violentamente ante la confiscación de la libertad que implica la llegada de las EMO. Para un profesor, parece una película de desastres. En el ámbito de la salud, este modelo, fuertemente criticado por los médicos porque pierden su libertad de decisión, conlleva altos costes de gestión. En términos de optimización, resulta más caro que los sistemas públicos. Es posible que lo mismo esté sucediendo en la educación.

zonas francas educativas

La tercera etapa del cohete es la creación por parte de ciertos países de vastas plataformas, llamadas hubs de educación o hubs de conocimiento, por analogía con el transporte aéreo: un hub es un punto de paso obligado, el centro operativo de una empresa hacia el cual convergen sus vuelos de larga distancia. vuelos Se trata de dedicar un área, atendida y administrada por las autoridades, a la instalación de escuelas, pero también a veces de centros de investigación. El objetivo es utilizar la educación como un sector económico en el que apoyarse para crear actividad y obtener divisas. Es una modalidad particular de la globalización de la educación de más de una tercera edad, porque atañe sólo a determinados países emergentes.

En Singapur, por ejemplo, esto es parte de una estrategia más amplia para transformar el estado insular en una economía del conocimiento. Los Emiratos Árabes Unidos están poniendo recursos colosales al servicio de una estrategia de economía del conocimiento y la cultura, que contempla en particular la construcción en Abu Dhabi de tres gigantescos museos: el Louvre, el Guggenheim y el Zayed, así como la creación de dos películas festivales

El ejemplo de Mauricio, por otro lado, ilustra un enfoque puramente centrado en los servicios educativos como una mercancía: "¡El objetivo es generar, dentro de diez a quince años, mil millones de dólares en facturación, es decir, el 10% del PIB de Mauricio!", dice . el Ministro de Educación Superior de Mauricio [5]. Según este plan, Mauricio recibiría a 100 000 estudiantes internacionales en 2020 (¡contra 1000 en 2013!). Es de destacar que el Ministerio de Educación Superior fue creado recién en 2010, con el objetivo de desarrollar la actividad económica en este sector. Es decir si la formación de los mauricianos pasa a un segundo plano.

El centro de conocimiento de Mauricio tiene como objetivo reclutar estudiantes de todo el Océano Índico y África. Se creó una empresa pública, Knowledge Parks Ltd, para administrar los tres campus financiados con fondos públicos. En las instituciones se anima a las mujeres extranjeras a que vengan y se instalen en estos campus. Así, la escuela Vatel ha creado una licenciatura y una maestría en hotelería, los muchos hoteles de lujo de la región constituyen excelentes lugares para pasantías. Otros cursos han sido creados gracias a una asociación internacional, como con Paris-I-Panthéon-Sorbonne o Paris-Dauphine: el Instituto de Análisis de Gestión de empresas de Mauricio coordina el MBA impartido por la Universidad de Paris-Dauphine y el Institut d'administration des entreprises (IAE) de París en las islas del Océano Índico.

Dubai International Academic City (20.000 estudiantes) quiere ser "la primera zona franca del mundo dedicada a la educación". Las autoridades insisten en que las universidades que allí se establecen son totalmente propietarias de su establecimiento y pueden repatriar libremente sus ganancias. Dubái o Mauricio aplican por tanto a la educación superior las recetas que han triunfado en otros ámbitos, como el textil en Mauricio. La isla domina la creación de zonas francas, sabe construir la infraestructura necesaria para los negocios, tiene la credibilidad necesaria para convencer a las firmas extranjeras de que es un estado de derecho, confiable, estable, que permite que los negocios prosperen en paz. .

¿Pero es suficiente? Mauricio podría atraer en textiles, gracias a su mano de obra barata, en turismo, con sus playas de arena blanca. ¿En educación? No importa cuánto busquemos, la ventaja competitiva de Mauricio no es obvia. Estos intentos son, por lo tanto, necesariamente circunspectos. Ya en 2011, un investigador se preguntaba si se trataba de una moda pasajera o de una verdadera innovación. [6]

Varios escándalos han empañado recientemente el desarrollo de los centros, en particular los problemas de acreditación: los estudiantes descubren después de varios años de costosos estudios que su título no es reconocido en el extranjero. También sucedió que la subsidiaria de una "gran escuela occidental" en Dubai se vio obligada a cerrar cuando resultó que su empresa matriz... ¡era pura invención! Tranquilicemos al lector sin más preámbulos: esta escuela imaginaria ha reabierto una filial en otro emirato [7]. Estos escándalos demostraron a las autoridades que la intervención pública era fundamental para dar credibilidad a los diplomas otorgados.

Dubái ha vivido una auténtica burbuja educativa. En 2007 había más instituciones educativas allí que en cualquier otro lugar del mundo; diez de las cien mejores escuelas de negocios estuvieron representadas en Dubai, siete en Qatar y tres en Abu Dhabi, por ejemplo. La crisis financiera de 2008 afectó duramente a Dubái, reduciendo drásticamente el número de expatriados que podían llevar a sus hijos a estas escuelas. Por lo tanto, los nuevos campus han permanecido medio vacíos y, por lo tanto, muy por debajo del punto de equilibrio. Algunas se cerraron tan rápido como se abrieron. Hoy parecen pueblos fantasmas abandonados tras la fiebre del oro en Estados Unidos. Esta es la primera crisis de crecimiento de la educación globalizada.

La fuerza del modelo de Dubái probablemente también esté en juego en esta crisis. El libre mercado y la ausencia de regulación no son necesariamente una panacea en un campo donde es muy difícil evaluar el "producto", es decir el diploma. La certificación por parte de una autoridad reconocida sigue siendo esencial, así como el establecimiento de estándares de calidad y cierta planificación del suministro. Dubái también creó un organismo de certificación en 2013. Finalmente, las dificultades experimentadas por ciertos académicos para obtener visas, debido a sus posiciones políticas o la naturaleza de su trabajo, no presagian nada bueno para la posibilidad de recibir una facultad permanente en el sitio.

Nótese de paso el contraste entre los Emiratos. Los Emiratos Árabes Unidos forman una estructura federal que reúne a siete principados, siendo los principales Dubái y Abu Dabi, que abordan la economía del conocimiento de maneras diametralmente opuestas. Dubái espera beneficios económicos directos de las zonas francas y renuncia al control de su desarrollo, a veces anárquico, mientras que Abu Dabi procede mediante cautelosos acuerdos interestatales.

Asia conquistando Asia

Malasia, Hong Kong, Corea del Sur y Singapur han lanzado iniciativas comparables, pero basadas en bases más sólidas. Singapur es un país altamente desarrollado, cuyo estado, un planificador poderoso y eficiente, se ha especializado durante mucho tiempo en logística. Singapur ha entregado así ciudades llave en mano a China, ocupándose tanto de la construcción como de la gestión de infraestructuras y servicios públicos. Su ubicación geográfica pone a Singapur al alcance de los estudiantes asiáticos. La isla también ha desarrollado la idea de "eduturismo", haciendo posible compatibilizar la exploración de la región con un curso impartido por excelentes escuelas, entre las mejores del mundo.

De hecho, Singapur ha logrado atraer a más de 1.100 escuelas y universidades extranjeras, incluidas MIT, Imperial College London, Munich Technological University y el primer campus creado por Yale en trescientos años, para usar el lema all in delicadeza imaginado por los comunicadores de este institución. Por cierto, los maestros y la junta directiva de Yale estaban molestos porque no habían sido consultados sobre esta implementación y se enteraron de que no tenían voz en el asunto. El respeto por la tradición no se extiende a compartir el poder...

La creación de centros en Asia es la consecuencia lógica del surgimiento económico de Asia Oriental y la globalización de la educación. El lugar de Asia en este movimiento está cambiando rápidamente. Los centros educativos de Corea del Sur esperan así atraer a estudiantes rusos: todo un símbolo.

Los gigantes asiáticos, India y China, están un poco por detrás de este movimiento, que intentan frenar con una política proteccionista. Por ejemplo, los institutos de tecnología indios prohíben a sus estudiantes aceptar pasantías en el extranjero. China e India tienden a frenar el establecimiento de universidades extranjeras, a las que ven como competidoras de sus propias universidades, cuyo desarrollo interno quieren promover. Están logrando un verdadero éxito. Institutos indios de tren de tecnología ingenieros de gran prestigio. Según algunas fuentes, China ahora da la bienvenida a más de 300.000 estudiantes extranjeros. Sobre todo, en 2014, 100.000 estadounidenses estudiaban en China, una cifra absolutamente asombrosa. ¿Quién, hace sólo diez años, podría haber imaginado un cambio tan radical, esta fuga de cerebros a la inversa? ¿Y por qué elegir China?

La respuesta no es muy original: dinero. Un MBA clasificado entre los veinte mejores del mundo, ofrecido por China Europe International Business School en Shanghai, cuesta la mitad del precio de Estados Unidos, sin mencionar el bajo costo de vida. Como queda por hacer la reputación de las universidades chinas, son menos selectivas que en otros lugares. En medicina, por ejemplo, un estudiante indio que quiere una buena carrera tiene buenas razones para dudar entre Europa y China, de lo que los foros empiezan a hacerse eco. En el caso particular de los estadounidenses, Hillary Clinton creó en 2013 una fundación que otorga becas a estudiantes que deseen ir a China, con el fin de acercar a los dos países y conocer un país que es y será cada vez más un gran poder Sin embargo, como en otras áreas,

Como en otras áreas, de hecho... Este capítulo parece un artículo de L'Expansion. Intente leerlo nuevamente, reemplazando "estudiante" con "cliente" y

" educación " por "informática", "comida rápida", o incluso "máquina herramienta": va muy bien. Lo que caracteriza a la globalización de la educación superior es que se hace esencialmente por el mercado, considerando la educación como una actividad de servicio a las personas con alto valor agregado, en la que existen importantes oportunidades de desarrollo. rentable _

Según un eslogan que se escucha en Francia, pero también en Chile o Quebec,

" La educación no es una mercancía". De hecho, sí. Hay una demanda (más o menos) solvente, una oferta de pago, un mercado bastante organizado, financiación, emprendedores, estrategias comerciales, marcas, evaluación de productos, revistas para ayudar al consumidor en sus elecciones, etc. Los desarrollos que acabamos de explorar muestran que es cada vez más una mercancía y que esta tendencia crecerá. Por extraño que parezca, a menudo han surgido preocupaciones en Francia con respecto a los acuerdos comerciales internacionales, como si la amenaza de la mercantilización de la escuela viniera del exterior para asediar un sistema francés público y libre. Claramente, ya no estamos allí.

Capítulo 7 Notas

1. Valerie STRAUSS, "El mercado mundial de la educación alcanza los 4,4 billones de dólares y sigue creciendo", The Washington Post, 9 de febrero de 2013.

2. Este término puede parecer extraño, pero permite distinguir a las personas que vienen del exterior a estudiar de aquellas que son de nacionalidad extranjera, pero cuya familia muy bien puede estar radicada en el país desde hace años.

3. Rosa BECKER, "Campus filiales internacionales: mercados y estrategias", The Observatory on Borderless Higher Education, 2009.

4. Isabelle REY-LEFEBVRE, "Escuelas privadas, una mina de oro para los inversores", Le Monde Campus, marzo de 2012.

5. Jean-Michel D.URAND, "El polo del conocimiento toma forma en una cierta vaguedad", L'Eco austral, 13 de febrero de 2014.

6. Jane KNIGHT, "Centros educativos: ¿una moda, una marca, una innovación?», Revista de Estudios en Educación Internacional, no. 15 de octubre de 2011, pág. 221.

7. Leigh THOMAS, "La calidad es el gran desafío

para los centros de educación privada", University World News, 9 de marzo de 2012.

8

Tasas de matrícula altísimas

"Los ricos, cuando la desigualdad es grande y sus ingresos son significativamente superiores a los de las clases medias, son reacios a invertir en bienes públicos como la educación [...] y prefieren convertirlos en consumo privado [1].»

ESTÁ cerca de haber asistido a una gran escuela, Jean-Charles ha tenido una excelente carrera en la industria, incluso si ha disminuido el ritmo durante algunos años. Sus hijos han crecido y los ve siguiendo un camino familiar. Cuando llega el momento decisivo de elegir su camino en la educación superior, tiene la sensación de que podrá, sin duda mejor que otros, ayudar, asesorar y financiar a sus hijos. Al investigar la pregunta, descubre que el costo de la educación superior se ha disparado: la capacitación privada es cada vez más costosa, los cursos de apoyo esenciales, los cursos preparatorios pagados requieren presupuestos sustanciales. Se da cuenta de que tendrá que hacer un esfuerzo considerable para hacer frente a este costo y proporcionar a sus hijos estudios rentables. Por supuesto, la formación remunerada no es nada nuevo. Pero eran fácilmente accesibles para los hijos de los ingenieros, incluso para los maestros. Este ya no es el caso.

La inflación se debe principalmente a las escuelas

de negocios, cuyas tarifas son muy altas hoy en día. Este capítulo comienza detallando su caso. Pero el resto de la educación terciaria está siguiendo, con la esperanza de compensar la disminución de la financiación pública y el aumento de los costos. Gratis, que era la regla, ¿será la excepción?

En el pasado, en las clases de ciencias, los estudiantes de las clases preparatorias comerciales eran vistos con cierto desdén. Su nivel en matemáticas, la medida de todo, era inferior al de las ciencias preparatorias; y sus carreras parecían menos virtuosas que las de los médicos o ingenieros. El apodo con el que se les daba a los alumnos de estas prepas, las "especias",

traduce bien esta condescendencia. Las escuelas aún cargaban con el estigma de la época en que legitimaron las posiciones de "hijos de papá" más o menos dotados.

Pero uno de mis compañeros de clase, un Centralien que se había unido a IBM, notó que los graduados de la escuela de negocios, ciertamente menos expertos en informática que él y que nunca habían demostrado la misma capacidad de trabajo que él, escribían notas y las presentaban oralmente mucho mejor que él y evolucionó rápidamente a las alturas de la empresa. Fue a principios de la década de 1980. Las escuelas de negocios comenzaban a hacerse cargo. Esta tendencia no se ha negado desde entonces, sobre todo porque cada vez más graduados de escuelas de negocios están en el personal de las grandes empresas. Este paso de la ciencia y la literatura al comercio es, además, significativo de la evolución de la escala de valores en Francia. Hoy en día, los padres envían con confianza a sus hijos a la escuela de negocios.

Sin embargo, su entusiasmo se ve empañado por la factura a pagar. Preferir una escuela de negocios a una escuela de ingeniería no es, de hecho, neutral en términos de costos. Si bien la mayoría de las escuelas de ingeniería siguen siendo públicas y de precios moderados, las escuelas de negocios son muy caras.

Las principales escuelas de negocios siempre han cobrado una cuota, debido a su estatus. No reportan directamente al Ministerio de Educación Superior. Algunas de las más importantes dependen ahora de las Cámaras de Comercio e Industria (CCI), en particular HEC, ESCP Europe y Novancia, que dependen de la CCI de Île-de-France, BEM Management School (Burdeos), Grenoble EM y Toulouse Escuela de Negocios. Después de estar al borde de la quiebra a finales de los años 70, ESSEC está vinculada al CCI de Val-d'Oise. Además de este estatuto consular, existen colegios con estatuto privado, que por lo general son asociaciones o sociedades anónimas simplificadas. La gran mayoría de las escuelas, aunque pagan, por lo tanto no tienen fines de lucro, es importante enfatizar esto.

Para comprender completamente los datos financieros, también es necesario orientarse en el maquis de los diplomas. En la década de 1930, las escuelas de negocios introdujeron el reclutamiento después de uno, luego dos años de clase preparatoria, a imitación de las escuelas de ingeniería. Pero algunos, llamados de preparación integrada, reclutan a nivel de bachillerato (ver pág. 119). La mayoría de las veces, las escuelas de negocios conducen a diplomas de nivel bac + 5, correspondientes a la maestría. Por lo tanto, la escolarización allí dura tres años (después de la preparación) o cinco años (postbac). También se han desarrollado diplomados denominados bachiller en administración de empresas (BBA), que se encuentran en general bac + 4 (norma americana), muy raramente nivel bac + 3 (norma inglesa). Para darle un poco más de sabor a las cosas, también emiten títulos de posgrado concentrados o Experto en Ciencias (MS) y Experto en Organización de Empresas (MBA), listos en un año o algo más. Estos reconocimientos de nivel indiscutible están previstos para graduados con un nivel bac+4 o bac+5, muchos de los cuales ya están inmersos en la vida laboral.

Finalmente, las técnicas de alistamiento para estas escuelas han mejorado significativamente últimamente, con confirmaciones iguales en el primer o segundo año propuestas para estudiantes de la universidad y concursos ajustados para estudiantes de clases preliminares académicas.

Este gran número de escuelas no son equivalentes ni en la dificultad de acceso, ni en la remuneración del trabajo principal, ni en la forma de vocación. Las clasificaciones anuales y los registros de premios creados por diferentes órganos de prensa dan resultados muy uniformes. Las mejores son las escuelas que seleccionan después de dos años de arreglo. Las escuelas con arreglo coordinado son sustancialmente menos conocidas. Inmiscuyéndose de todos modos en el punto más alto de la clasificación, hacia el puesto 10, escuelas como IESEG, en subida, y ESSCA. Algunos BBA, que no figuran en los rankings por no estar a nivel de experto, también pueden ser valorados por los directivos.

Estimadas escuelas de negocios

Una escuela de negocios tiene un coste considerable, fuera del alcance de la mayoría de las familias en el caso de escuelas con preparación integrada, ya que hay que financiar cinco años de estudio por valor de 40.000 euros como mínimo y eso lo hacen instituciones privadas. no exime a los becarios del pago de la matrícula. Los aumentos de precios han llegado a más del 50% desde 2006 en estas escuelas [2]. Muchos padres, que habían tenido en cuenta los órdenes de magnitud del tiempo de sus estudios, están conmocionados por este desarrollo. Ahora hay que pagar entre 27.400 euros por tres años de estudio en Audencia y 39.500 euros en ESSEC.

En el caso de las escuelas de tres años, se suma el costo de dos años de preparación. La mayoría de las prépas son públicas o dependen de instituciones católicas, cuyas tasas de matrícula son de 2.000 euros a 3.000 euros anuales. También existen cursos de preparación con fines de lucro (IPESUP-PREPASUP, PREPACOM, Intégrale, etc.). Su excelente nivel se paga desde 8.500 euros hasta 9.500 euros al año. El costo de la matrícula obviamente se ve afectado por los costos de alojamiento, para los estudiantes que no viven en las inmediaciones de los campus. Como estos suelen ser remotos o de difícil acceso, la mayoría de los estudiantes se quedan en el sitio. Sin embargo, gracias al subsidio de vivienda, estos gastos son mínimos. En general, la inversión suele ser muy pesada para las familias. En algunos casos, sin embargo, puede reducirse.

Destaca una escuela: Télécom School of Management factura 15.450 euros

" sólo " tres años de estudio. Única escuela con estatus público en el sector, por estar ligada a una escuela de ingeniería, es de buen nivel. Finalmente, asimilada a una escuela de negocios por el reconocimiento de que disfrutan sus graduados, la Universidad Paris-Dauphine también es de carácter público y mucho menos costosa, aunque las tasas de inscripción aumentan rápidamente.

Las tasas de matrícula indicadas corresponden al programa que da acceso al máster. Los másteres especializados suelen costar entre 12.000 y 22.000 euros el año y los MBA entre 35.000 y 48.000 euros entre diez y dieciséis meses, lo que es bastante modesto en comparación con los MBA americanos, ¡hasta 120.000 euros! Estos precios pueden parecer excesivos. Dado el poder adquisitivo de la mayoría de las familias, definitivamente lo son.

Sin embargo, estas evaluaciones deben moderarse, porque estos cursos a menudo son parte de la educación continua, en particular los EMBA (E para ejecutivo). Pueden ser financiados por los empleadores, particularmente en el contexto de trabajo y estudio. Por lo tanto, aproximadamente el 30% de los estudiantes de ESSEC son aprendices, la escuela ha desarrollado numerosas asociaciones que les permiten trabajar, por ejemplo, en finanzas de mercado mientras continúan sus estudios. Se paga al aprendiz y se cubren sus derechos de matrícula. Además, obtener uno de estos diplomas es un acelerador de carrera espectacular.

Este rápido aumento ha llevado a una cierta erosión de la rentabilidad de los diplomas, ya que los salarios han aumentado menos rápidamente que las tasas de matrícula. Así, una escolaridad de tres años representó en 2014 casi catorce meses de salario para los jóvenes graduados, frente a menos de diez en 2006. Para las escuelas de cinco años, los costos de matrícula representan de diecinueve a veinte meses de salario. Esta estimación es mínima, porque los datos sobre salarios, provenientes de las propias escuelas, probablemente estén sobreestimados en un 20% a 30%. Aumenta así el esfuerzo de quienes financian sus estudios mediante el endeudamiento.

Tenga en cuenta que las tasas de matrícula que se muestran no son netas. A esto hay que añadir costes adicionales no desdeñables, como costes de selección, costes administrativos en caso de interrupción, costes de participación en fines de semana de integración, a menudo costes adicionales durante prácticas en el extranjero, así como la compra de libros (que pueden representan un presupuesto de 1.500 euros en el primer año). Estados Unidos es un caso especial en este ámbito: mientras que un grueso libro de texto suele valer unos 50 euros en Europa, puede costar hasta 320 dólares al otro lado del Atlántico, donde el mercado está bloqueado. Los profesores imponen las obras de referencia de su curso, pero no las pagan y, por tanto, no son muy sensibles a su precio. Las editoriales lanzan constantemente nuevas versiones, con el fin de frenar el desarrollo del mercado de segunda mano, y acompañan los libros con archivos informáticos de interés variable, que hacen subir los precios. Estos han aumentado un 82% entre 2004 y 2014 y, en total, un 812% desde 1978, tres veces más rápido que el costo de vida. Este problema se ha vuelto muy grave: el costo de los libros de texto universitarios alcanza los 1.200 dólares para algunos estudiantes y lleva a muchos de ellos a renunciar a adquirirlos. Este fenómeno se cita entre los factores de fracaso en la universidad. el costo de los libros de texto universitarios alcanza los 1.200 dólares para algunos estudiantes y lleva a muchos de ellos a renunciar a adquirirlos. Este fenómeno se cita entre los factores de fracaso en la universidad. el costo de los libros de texto universitarios alcanza los 1.200 dólares para algunos estudiantes y lleva a muchos de ellos a renunciar a adquirirlos. Este fenómeno se cita entre los factores de fracaso en la universidad.

En Francia, las escuelas también cobran por la inscripción a los concursos. Un presupuesto sustancial para las familias y, en ocasiones, ocasión de algún abuso. Concursos conjuntos para escuelas de negocios con preparación integrada cargo 120 euros, más 80 euros por escuela para Accès, 225 euros y 30 euros por escuela más uno para Sésamo, etc. En total, el alumno que se presenta a varios concursos para aumentar sus posibilidades paga a partir de 500 euros a 800 euros.

La inscripción para los exámenes competitivos en las Grandes Ecoles generalmente cuesta alrededor de 100, 150 euros. Excepciones: el concurso conjunto Mines Ponts cuesta 265 euros y los concursos escolares normales son gratuitos. Muy a menudo, los becarios están exentos de las tasas de inscripción para los exámenes competitivos. En el diario online Rue89, un estudiante cuantificó lo que le habían costado los concursos de varias escuelas de periodismo, incluidos los gastos de transporte y alojamiento: 1.861 euros.

Sea como fuere, prevalecer en la oposición también puede ser costoso. Un suplente me aclaró que finalmente la habían poseído hasta su doble nivel preferido, una preparación grabada y prácticamente gratuita. De todos modos, mientras esperaba a ver si la reconocían, había aprobado su matrícula en la ESSCA tras haber superado la prueba de selección... y había pagado 1.500 euros a fondo perdido. Algunas rivalidades juegan hábilmente en este instrumento. Ofrecen algunas reuniones, hasta seis para Connection. Es más sencillo aprobar a la oposición en la reunión primaria, que atrae a ciertos prometedores. Una vez concedido, es posible que deseen esperar los efectos secundarios de otras rivalidades posteriores y más elevadas antes de comprometerse por completo. Sea como fuere, todos juntos para no perder su sitio, deberán pagar un 10% de tienda a fondo perdido, o unos 800 euros.

La carrera por las estrellas

El aumento de derechos se explica por el aumento de los costos, en particular de la remuneración de los docentes, potenciados por la mecánica infernal de la evaluación escolar. Su calidad académica se juzga por las publicaciones en revistas científicas y el número de "estrellas CNRS" de su facultad. Este criterio determina en particular la obtención de sellos internacionales (EQUIS, AACSB, EPAS) y el lugar de la escuela en los rankings nacionales (L'Étudiant, Challenges, etc.) e internacionales (Financial Times, etc.). Estos últimos son particularmente importantes para las escuelas en la parte superior de la tabla, para las cuales la dimensión internacional es muy estratégica. Hoy en día, entre el 40% y el 70% de los profesores de las principales escuelas de negocios y el 20% de sus alumnos son extranjeros. Además,

Equiparar la calidad de la formación impartida con la de su investigación es muy cuestionable. Sin duda la preeminencia de este criterio se debe en gran parte a que es medible, mientras que la capacidad de una institución para ayudar a sus alumnos a progresar es muy difícil de cuantificar. Pero, relevante o no, este criterio se ha impuesto y las escuelas no tienen más remedio que participar en la competencia, si no quieren desaparecer de las tablas.

Sin embargo, la carrera por las publicaciones y estrellas del CNRS conduce a una increíble deriva salarial. Las escuelas premian las publicaciones de sus profesores, cuyo prestigio se refleja en ellos. La bonificación concedida a un profesor por un artículo en una revista de alto nivel sería así de 12 000 euros en ESC Toulouse, según el Tribunal de Cuentas [3]. Las prácticas cuestionables aumentan artificialmente el número de publicaciones de una institución. Así, un académico puede aceptar que un profesor de un colegio sea coautor de un artículo del que no ha escrito ni una línea a cambio de unos miles de euros. Una escuela también puede contratar a un médico joven, sabiendo que las publicaciones seguirán a la obtención de su tesis. De los académicos ampliamente publicados se les puede otorgar el título (y compensación) de profesor asociado, para que sus publicaciones puedan ser acreditadas a la escuela.

Profesores con posibilidades de publicar en revistas internacionales son reclutados a precios exorbitantes, o incluso robados de otras escuelas, al punto que los especialistas hablan de un "mercado". Como este mercado es internacional, la compensación en Francia es necesariamente cercana a los niveles alcanzados en otros lugares, particularmente en los Estados Unidos. Muy concretamente, un académico empedernido gana de 4.000 a 6.000 euros al mes en la universidad, el doble que en una Grande Ecole francesa e incluso un poco más en Estados Unidos. [4]. La globalización del mercado docente se está acelerando en muchas disciplinas. Por lo tanto, el salario más alto para los maestros estrella debería aumentar, pesando sobre las tarifas de registro. Además, para que los docentes publiquen, deben tener tiempo para investigar, por lo que sus tareas docentes deben reducirse, lo que las encarece aún más para la escuela que las emplea.

Se pueden identificar otras fuentes de aumento de costos: los equipos de TI, que son cada vez más sofisticados, deben reemplazarse con frecuencia; muchas escuelas han invertido en bienes raíces para modernizarse y responder al crecimiento de la matrícula. Finalmente, los servicios prestados, particularmente en términos de orientación, seguimiento de pasantías e integración de antiguos alumnos, están en constante expansión y movilizan mano de obra costosa.

Ante esta inflación, las escuelas tienen poco margen, porque algunos fondos se estancan o disminuyen. El 11% de los recursos de las escuelas de negocios consulares provienen de las ICC, el 10% del impuesto de aprendizaje pagado por las empresas, las regiones aportan el 3% de los presupuestos. Los servicios de educación continua aportan el 8% de los recursos, principalmente en las escuelas mejor calificadas, y el 10% proviene de fundaciones. Por lo tanto, el 58% del presupuesto proviene de las tasas de matrícula. La falta de recursos de las CCI limita su compromiso; la situación económica no es favorable ni al impuesto de aprendizaje ni a las contribuciones de las regiones. Algunas operaciones de patrocinio pueden proporcionar financiación adicional, pero limitada, concentrada en los establecimientos mejor dotados. Finalmente,

Sin embargo, el aumento de los costos solo se convierte en un aumento de los precios si existe una demanda de ese precio. En otras palabras, suficientes familias deben estar dispuestas a pagar grandes sumas. Pero la situación es tensa.

La expansión del costo educativo se ha calmado a partir de 2011. ESSEC sigue siendo la escuela más costosa, pero no ha aumentado sus costos, luego de un tiempo de incrementos de dos dígitos. Seguridad adicionalmente en Toulouse y Grenoble. Es posible que se haya alcanzado un techo: en 2012, 1.100 estudiantes que habían obtenido un lugar en una escuela decidieron no poseerlo, por lo que 21 de 37 escuelas de negocios no prevalecieron ese año. repartir cada uno de los lugares dispuestos para la rivalidad. Las escuelas menos apreciadas, como el ESC de Brest, La Rochelle, Chambéry o Dijon, experimentan la mayoría de los problemas. En consecuencia, seleccionan un número cada vez mayor de a través de confirmaciones iguales. Las escuelas de posgrado, en lo que les importa, a veces coordinan más competencias en septiembre, o incluso sorprenden al comienzo del año escolar hacia el final del semestre principal, lo que hace posible recuperar a los estudiantes que necesitan una reorientación. A pesar de ello, el número de novatos ha disminuido sustancialmente en los últimos años: pasó de 7.114 de cada 2008 a 5.412 de 2014 para el partido Sésamo y de 7.008 de 2010 a 5.512 de 2014 para Accès. Claramente, los guardianes están luchando para mantenerse económicamente.

Las mejores escuelas de negocios se encuentran en una situación totalmente diferente. La subida de costes se hace concebible por la globalización del mercado. El posicionamiento de los mejores ases de la administración distribuido cada año por el

Monetary Times ubica a las escuelas francesas sorprendentemente bien, con 19 apareciendo entre los 100 principales. Siete programas de MBA franceses también se encuentran entre los 100 mejores, según el posicionamiento del analista financiero. Por lo tanto, estas escuelas están listas para seleccionar estudiantes desconocidos y cobrar altas tasas de matrícula.

Sin embargo, si las grandes écoles en tres años son muy caras, no es para llenar los bolsillos de sus accionistas -generalmente no los tienen- sino para cubrir costos crecientes -las tasas de matrícula, por altas que sean, no son suficientes.

Estudios rentables

¿Es razonable pagar tasas de registro tan altas? El motor de búsqueda de empleo Adzuna.fr comparó los ingresos asociados a varios niveles de formación. Resulta que estudiar, aunque sea caro, es extremadamente rentable. Durante su vida laboral, un graduado de la escuela de negocios gana de media 700.000 euros más que un bac+2! Estudios realizados en Estados Unidos así lo confirman y muestran que la ventaja económica del diploma no ha dejado de aumentar desde principios de los años ochenta.

Estos 700.000 euros ponen en perspectiva las tasas de matrícula de las grandes écoles. Como dijo un estudiante de secundaria citado en la introducción, "vale la pena". El único problema es tener el capital necesario al principio. Como resultado, el dinero va al dinero, los más ricos tienen acceso a los estudios que les asegurarán los mejores ingresos.

Las altas tarifas de registro fomentan el surgimiento del sector privado comercial, al establecer un estándar de precios que los hace competitivos. El aumento luego se extiende a las escuelas de negocios de posgrado, luego a toda la formación privada. Así, las escuelas de fisio, cuyas cuotas anuales medias eran de 3.800 euros de media en 2012, pero que podrían llegar a los 8.700 euros, han visto disparado su coste. En 2014-2015, algunas escuelas de Île-de-France anunciaron tasas de inscripción de 11 500 euros. La inflación también está afectando a las escuelas financiadas por el estado. Sciences Po Paris puso la pelota en marcha en 2003 y luego procedió a aumentos regulares. La matrícula es gratuita para los becarios, luego las cuotas aumentan según el cociente familiar, hasta 9.940 euros anuales para un grado y 13.700 euros para un máster, para un alumno cuyos padres tengan una base imponible superior a 66.334 euros al año. unidad, que es alta. Cabe señalar, sin embargo, que las tarifas de registro están creciendo más rápido que los ingresos, para representar una cuarta parte por acción, antes de caer a representar solo una quinta parte, o incluso mucho menos para las familias ricas. Por lo tanto, se requiere el mayor esfuerzo de las clases medias.

Esta política ha sido fuertemente criticada porque el instituto recibe importantes subsidios públicos y porque parece que las tasas de registro se utilizaron, entre otras cosas, para financiar los considerables emolumentos de la dirección. Los estudiantes de la UNEF (Unión Nacional de Estudiantes de Francia) escriben en su sitio:

El objetivo 2013 [la nueva escala de tasas de inscripción] es un insulto profundo para los miles de estudiantes de las clases medias, que ya tienen muchos problemas para financiar sus estudios y algunos de los cuales probablemente nunca habrían considerado Sciences Po si la reforma ya estuviera en marcha. lugar. En efecto, el hijo de un profesor universitario, por ejemplo, gasta entre 3.450 y 6.000 euros al año en el programa de maestría bajo el nuevo esquema, es decir, dos salarios mensuales de uno de sus padres, todo esto sin contar obviamente el costo de la vida en París. ¿Los hijos de los profesores de secundaria son considerados privilegiados? En la parte inferior de la tabla, el mismo escenario: seguro que habrá más exentos, pero una familia con unos ingresos mensuales de 2.000 euros por progenitor ve casi duplicar sus tasas de matrícula, pasando de 530 a 900 euros mensuales.

Los otros IEP están adoptando gradualmente la misma estrategia, como Dauphine, que tiene el estatus de un gran establecimiento y, por lo tanto, puede fijar libremente las tarifas de registro. Todos aplican baremos más o menos progresivos según los recursos de las familias, llegando los derechos a 3.800 euros en Sciences Po Toulouse ya 5.940 euros en Dauphine. El IEP de Aix-en-Provence va más allá. Desarrolla asociaciones con varias organizaciones privadas, en Francia o en el extranjero; también participa en la zona franca educativa de Mauricio. Contra una remuneración de 1.000 euros por alumno, Sciences Po Aix etiqueta la formación, en particular un máster 2 en ciencias políticas, sin que el instituto o sus profesores participen en los cursos. Estos cursos paralelos son muy caros, ya que las tasas de matrícula superan en ocasiones los 10.000 euros anuales. Pero la calidad de la educación está en disputa. Los profesores de Sciences Po Aix denuncian una formación que consideran dudosa, "dirigida por aficionados [5] » y los otros IEP amenazan con excluir al IEP de Aix de su competencia conjunta si continúan estas prácticas. De hecho, ¿por qué pagar caro lo que se puede obtener mucho más barato en Aix, si no porque los requisitos académicos son más bajos? El riesgo de devaluación de los diplomas y, en consecuencia, de la marca "Sciences Po", es real. En el otoño de 2014, esta controversia llevó a la salida del director del IEP. de Aix.

Heredadas de una larga tradición republicana, las escuelas públicas de ingeniería son casi gratuitas. Así, la École Polytechnique fue creada en 1794 por la Comisión de Obras Públicas a instancias del Comité de Seguridad Pública. Su estatus fue militarizado por Napoleón en 1804, con el fin de controlar mejor a los estudiantes que tendían a desafiar al régimen. En su creación, con el fin de democratizar el reclutamiento de la escuela y que ningún estudiante superdotado sea excluido por su indigencia, "los futuros estudiantes reciben para ir a París los gastos de viaje de un artillero de primera clase, o sea 15 sous a día, y deben recibir un salario de 900 francos al año.[6] ".

Estas preocupaciones son muy actuales. Una enseñanza que selecciona por dinero comete una gran injusticia, pero también se priva de talento. Sin embargo, aquí están las escuelas de ingeniería ganadas por el contagio: las nueve escuelas del grupo École des mines aumentaron las tasas de 850 euros a 1.850 euros para estudiantes franceses y de la Unión Europea en 2014. Las cuatro escuelas dependientes del Ministerio de Defensa exigieron en 2015 derechos de inscripción de 2.300 euros, casi el doble de los derechos del año anterior. El nuevo grupo Centrale Supelec también debería anunciar un aumento en 2015. Este aumento está alimentado por la misma dinámica que afecta a las escuelas de negocios (salarios de los docentes, servicios para los estudiantes, inversiones en modernización).

En una economía globalizada, este incremento no es necesariamente chocante: si los ingenieros egresados de las Grandes Ecoles se van al extranjero, como la mayoría expresa su intención, ¿es coherente seguir gastando cerca de 300.000 euros de dinero público para formar a cada uno de ellos? El problema ya está en la plaza pública en España, donde la emigración de jóvenes titulados a Alemania o Latinoamérica supone para la comunidad una pérdida neta de 200.000 euros por titulado.

Por supuesto, el aumento de los salarios dificulta que las instituciones públicas retengan a sus docentes. Imaginemos que un brillante economista, pasado por las mejores escuelas y publicando en revistas estadounidenses, enseña en la London School of Economics (LSE). Investigador en Francia, también se le pide que imparta cursos en universidades francesas. ¿Puede aceptar la tarifa oficial de 60 euros la hora de clase, mientras gana el triple del Canal de la Mancha? No solo sería un uso ineficiente de su tiempo, un argumento al que los economistas son particularmente sensibles, sino que la LSE podría preguntarse por qué debería pagarle 200 euros si acepta trabajar por 60 euros.

Por lo tanto, las universidades están siendo creativas para pagar mejor a sus profesores. Las lecciones en grupos pequeños se remuneran como las lecciones de anfiteatro, que sin embargo requieren más preparación. Presupuestos más o menos ocultos financian bonificaciones por crear cursos u organizar lecciones (lo cual es todo menos escandaloso). Las horas de curso se pagan sin dar (lo cual es mucho más cuestionable). El Tribunal de Cuentas ha señalado a Sciences Po Paris (¡otra vez!) por la opacidad de sus prácticas salariales y la elevada remuneración de determinados profesores. A algunos se les pagaría a tiempo completo y solo realizarían el 30% del servicio adeudado.

Asfixiadas económicamente, varias universidades amenazan con cerrar para llamar la atención, para renegociar sus asignaciones, pero también, sencillamente, porque sus directivos no ven otra salida. Otros buscan financiación adicional de los estudiantes, coqueteando con la legislación y el control del ministerio. La UNEF también ha acudido en varias ocasiones a los tribunales para evitar el aumento de las tasas universitarias. Por lo tanto, las universidades recurren a medios tortuosos para aumentar las tasas. Las tasas de solicitud, la inscripción en la biblioteca universitaria o la asociación deportiva elevan las tasas de matrícula a 600 euros anuales en Estrasburgo e incluso a 800 euros en el Instituto de Administración Económica (IAE) de Grenoble-II, según la UNEF.

Una técnica que permite un aumento mucho más sustancial consiste en crear títulos universitarios, sin carácter nacional y que, por lo tanto, escapan al baremo de las tasas de matrícula. La Universidad Paul Cézanne de Marsella ofrece así títulos universitarios a 6.000 euros; el IAE de la Universidad de Aix-Marseille cobra a unos máster 8.400 euros en formación inicial y mucho más en formación continua. En Paris-I, las organizaciones que brindan educación continua alquilan aulas de la universidad. Al carecer de medios, aumentó el alquiler, lo que obligó a la formación a aumentar las tasas de inscripción. La preparación para el examen de ingreso a la Maestría en Sciences Po Paris, cuya característica era ser mucho más económica que la del IPESUP, por ejemplo, ha visto subidos sus precios, a causa del pinchazo operado por la universidad. Como resultado, perdió competitividad... para satisfacción de algunos profesores, que lamentaban que sus mejores alumnos se embarcaran en esta formación y luego fueran a Sciences Po en lugar de prepararse para su maestría en Paris-I [7].

En general, los preparativos para los concursos, no regulados por el ministerio ya que no preparan para los diplomas nacionales, pueden facturarse mucho más allá de las tarifas normales de inscripción. Hace diez años, eran casi gratis. ¡En 2013, la preparación para la agregación organizada por ENS Cachan se facturó en 6.400 euros! El acoplamiento de un título universitario con la formación privada también permite pedir tarifas elevadas. Fundada por un empresario, la escuela Ferrières, una nueva escuela de lujo que abrirá sus puertas en 2016 en la antigua propiedad de los Rothschild, trabajará en colaboración con la Universidad de Paris-Est-Marne-la-Vallée. Sus alumnos, cuidadosamente seleccionados y pagando 18.000 euros anuales, recibirán cursos impartidos por académicos y obtendrán una cédula profesional. En cuanto a las escuelas de formación profesional, que no están limitadas por ninguna disposición reglamentaria, adaptan sus tasas de matrícula a sus necesidades financieras. La CFJ, escuela de periodismo cotizada con estatus asociativo, aumentó de golpe un 40% las tasas de matrícula para llevarlas a 5.000 euros en 2013 (la mitad menos para los becarios), porque era imperativo volver al equilibrio financiero. Ante un déficit de 2 millones de euros en su sector de formación, la AP-HP (Assistance publique-hôpitaux de Paris) decidió repentinamente, a finales de 2014, aumentar los derechos de matrícula para la escuela de enfermería de 300 euros anuales a... 8.000 euros, excepto para los estudiantes que reciben una subvención del Consejo Regional o Pôle Emploi. Sorprendentemente, esta disposición podría ser retroactiva, pidiéndose a los estudiantes de tercer año 24.000 euros. Dada la remuneración de las enfermeras, la contratación será muy difícil.

Una reforma reciente agravará los problemas de financiación de las escuelas, al privarlas de los recursos que actualmente obtienen del impuesto empresarial. Las empresas participan en la financiación de la educación a través del impuesto de aprendizaje, que asciende al 0,5 % de los salarios pagados, equivalente a 2 800 millones de euros [8]. Una parte significativa de esta suma se asigna a discreción de las empresas, que son captadas por los establecimientos, desde las escuelas secundarias hasta las grandes escuelas. De hecho, el aprendizaje ha cambiado mucho. Sigue formando ebanistas y carniceros, pero también ingenieros y ejecutivos. Uno de cada diez estudiantes de secundaria es un aprendiz.

La reforma de 2014 cambió profundamente la distribución del impuesto, ahora impulsada principalmente por las regiones. Ansiosos por responder a las demandas de las pequeñas empresas locales y por limitar sus gastos, redireccionan los fondos a las escuelas secundarias vocacionales, lo que reduce en la misma cantidad los subsidios regionales a dichas escuelas secundarias. Para las Grandes Ecoles, el golpe es duro, porque esta bonanza financiera representó hasta el 20% de su presupuesto. Están en juego doscientos millones de euros para las grandes écoles, mucho más para toda la educación superior.

Es probable que esto obligue a los establecimientos a aumentar sus tarifas o reducir sus servicios.

¿Qué pasa con los estudiantes extranjeros?

Muy por detrás de Estados Unidos y el Reino Unido, Francia es el tercer país de acogida de estudiantes extranjeros, aproximadamente a la par de Alemania y Australia. Aproximadamente uno de cada quince estudiantes expatriados opta por Francia, una proporción que se aplica a un mercado en rápido crecimiento. Uno de cada ocho estudiantes en Francia es extranjero. En un informe publicado en enero de 2015, France Stratégie propuso sin rodeos aumentar las tasas de inscripción para extranjeros fuera de la Unión Europea de 183 euros a 6.000 euros para una licenciatura, de 254 euros a 12.000 euros para un máster y de 500 euros a 15.000 euros. en la escuela de ingeniería. El objetivo sería encontrar los medios para llevar la educación superior a la altura.

El país se encuentra hoy en una situación ambigua. En la universidad, los extranjeros pagan, como los demás, 183 euros anuales en el primer ciclo. Pero, en otros lugares, los aumentos de las tasas van acompañados de una discriminación de precios contra los extranjeros no comunitarios, que también es objeto de recursos ante el Consejo de Estado por parte de las organizaciones estudiantiles. Así, los alumnos pagaban 1.850 euros en las nueve escuelas públicas de Mines Telecom en 2014 frente a 850 euros en 2013, pero aquellos cuyos padres viven fuera de la Unión Europea pagan ahora 3.800 euros. Esta cuadruplicación está ligada a la reducción de la subvención estatal. En Sciences Po Paris, los extranjeros tienen derecho a la tasa más alta (13.700 euros), independientemente de sus recursos familiares,

La política con respecto a los estudiantes extranjeros se debate entre dos objetivos en parte contradictorios: hacer de Francia una tierra de acogida, en particular para los francófonos, para acentuar la influencia cultural del país o hacer de la educación superior un producto de exportación, como al Reino Unido o Australia. Estas dos políticas no se dirigen a los mismos estudiantes, aunque solo sea por su origen geográfico: quienes están dispuestos a pagar altas tasas de matrícula provienen principalmente de Europa y Asia, mientras que casi la mitad de los estudiantes extranjeros en Francia son africanos. La influencia internacional se basa en la entrada gratuita, como en Alemania, mientras que el objetivo económico se basa en la clasificación en rankings internacionales, la calidad y el alcance de los servicios para estudiantes.

La política de admisión gratuita a favor de los estudiantes extranjeros es objeto de críticas en

Alemania, pero la situación demográfica aboga poderosamente por ello. Suecia, abrumada por una afluencia costosa en la década de 2000, impuso altas tasas de matrícula en 2011, lo que redujo a cinco el número de estudiantes extranjeros de fuera de la UE. Quebec, que desde 1978 ofrece a los estudiantes franceses condiciones financieras tan favorables como las de los quebequenses, prevé suprimir esta ventaja, lo que le costará a la Bella Provincia 75 millones de dólares.

El cambio de orientación recomendado en Francia, ya mencionado por el Ministro de Educación Superior a finales de 2014, sería una revolución, modificando considerablemente el público recibido. Una política de becas extensiva evitaría el colapso del número de estudiantes con medios económicos limitados, estima el informe de estrategia de Francia. Cabe preguntarse sobre qué base se asignaría esta ayuda.

Además, para que la cantidad de estudiantes desconocidos permanezca allí, Francia debería tener la opción de competir con los sajones ingleses antiguos al invitar a estudiantes aptos para pagar altos costos educativos. De hecho, Australia es el país existente donde es más costoso estudiar, lo que no impide que atraiga a innumerables estudiantes, especialmente asiáticos. De hecho, las universidades americanas y, sorprendentemente, las inglesas son excesivamente caras. Sea como fuere, la calidad atractiva del idioma inglés es fundamental. Además, estas universidades, profundamente posicionadas en las clasificaciones mundiales, como la posición de

Shanghái, ofrecen un alto nivel de administraciones de estudiantes. En Francia, Sciences Po selecciona efectivamente a estudiantes desconocidos que pagan. Por ejemplo, una designación de la escuela está presente para siempre en el Lugar que se conoce por el Sol Naciente, hasta el punto de que los japoneses que desean concentrarse en la regulación abierta en Francia dependen de esta escuela; Los hablantes de japonés invitan a los suplentes en su aspecto a trabajar con su coordinación. La universidad está muy lejos de tener la opción de hacer lo mismo. Invita a los suplentes en circunstancias materiales no son despiadados.

¿Profesionales de negocios?

En Moo (1995), la novelista Jane Smiley echa una mirada aguda y divertida a los profesores de una universidad estadounidense. Al margen de esta comunidad, o quizás al frente, el Dr. Gift, un economista, es una PYME en sí mismo. Docente, investigador y consultor, nunca pierde de vista su interés material. Se distingue por un agudo sentido del cálculo y una imaginación retorcida cuando se trata de ganar. Él es, por supuesto, mucho más rico que sus colegas. Este personaje es el prototipo de un nuevo modelo de docente-empresario. La lógica del star system, que se caracteriza por una gran desigualdad en la distribución de los ingresos, se importa así a la educación. El tenis, por ejemplo, tiene cientos de jugadores profesionales,

Desde este punto de vista, las principales universidades americanas están a la vanguardia. Ya en 1998, la Universidad de Columbia saltó a los titulares cuando logró arrebatar al economista estrella Robert Barro de Harvard por 300.000 dólares al año, más 150.000 dólares en beneficios complementarios, que era mucho más alto que los salarios en ese momento (y sigue siendo desproporcionado con respecto a la remuneración de un académico francés). Tal salario sería ridículo hoy. En 2013, según un sitio especializado (www.thebestschools.org), el top 10 de los académicos estadounidenses está dominado por David Silvers, profesor de dermatología en Columbia,

¡cuyo salario anual es de $4,33 millones! El comentario de admiración del sitio: se le paga tan bien como a los entrenadores universitarios de baloncesto o fútbol...

Esta jerarquía de remuneración se encuentra entre los autores publicados. Los libros de texto suponen un modesto complemento de ingresos para la mayoría de los académicos, pero el economista Gregory Mankiw ha vendido 20 millones de ejemplares de sus Principios de economía, a un precio unitario de 50 euros en Francia y 292 dólares en Estados Unidos (!), lo que le convierte en multimillonario. .

Esta lógica se extenderá gracias a los cursos en línea, Moocs. Udemy, por ejemplo, invita a cualquiera que desee ofrecer su curso en línea y decide a qué precio se venderá. Estos cursos representarían una ganancia promedio de $7,000 por año. Pero algunos maestros estrella ganan cientos de miles de dólares al año. Efectivamente, estamos pasando de un mundo en el que había un profesor para cien alumnos, con muy pocas opciones para ellos, a un mundo en el que el profesor estrella puede multiplicarse infinitamente a través de Internet. En lugar de tener más o menos buenos profesores, todos con la misma remuneración, vamos hacia una diferenciación extrema, al menos a nivel universitario.

Por lo tanto, la educación superior corre el riesgo de tener pronto a los profesores de su modelo económico, preocupados por maximizar su valor de mercado y negociarlo lo mejor que puedan. Un desarrollo perfectamente comprensible: si se establece un mercado educativo, ¿por qué los maestros deben ser los únicos que no se beneficien de él? Sin embargo, es de temer que las diferencias de nivel entre establecimientos se amplíen y que se acelere la lógica de la mercantilización.

La diferenciación salarial no significa que estemos entrando en una era de abundancia de docentes. La característica del sistema estelar es aplicarse solo a las estrellas. Los profesores de idiomas de una escuela de negocios de Burdeos lanzaron una petición cuando su salario por hora cayó repentinamente de 41 a 30 euros la hora, luego de un cambio de estatus. Eso es menos que un maestro de escuela secundaria certificado.

Además, las infracciones a la ética podrían multiplicarse. Hemos vislumbrado los oscuros arreglos que se vinculan en torno a la atribución de publicaciones científicas. Algunos profesores trabajan horas extras hasta el punto de que sus compañeros llegan a dudar de la seriedad de su trabajo. Otras correcciones de ejemplares de concursos en cadena: hasta seiscientos ejemplares de entrada en escuela de negocios en tres semanas, actuación que supone leer en diagonal o subcontratar parte de las correcciones, relativamente bien remuneradas.

La tendencia al alza de los precios es, por tanto, muy clara en el sector superior. Es difícil ver qué podría ponerlo en duda. Frente a las incertidumbres económicas, las familias movilizan los activos a su disposición, incluida su capacidad para

gasto , cuando exista. Por supuesto, las tarifas actuales ponen muchos cursos fuera del alcance de la mayoría de la población. Esto es chocante y contrario al principio de que la educación, un servicio esencial, debe ser accesible para todos. Muchas escuelas, conscientes del problema, están trabajando activamente para aumentar los fondos para sus estudiantes o eliminar las cuotas para los más pobres. Estas políticas, realizadas en orden disperso, salvan la idea de que un alumno, incluso de origen modesto, puede ir a las mejores escuelas sin pagar nada por lo esencial.

Capítulo 8 Notas

1. Branko MILANOVIC y RoyVAN DERWEIDE, "La desigualdad es mala para el crecimiento de los ingresos de los pobres (pero no para el de los ricos)", Vox EU, 29 de noviembre de 2014.

2. Estas estimaciones y las que siguen se han obtenido cruzando varias fuentes, en particular las clasificaciones proporcionadas por L'Étudiant y L'Express, así como las notas del Instituto Boivigny.

3. CUENTAS VSOUR, Las Escuelas de Negocios y Administración (ESCG): un desarrollo por regular, febrero de 2013.

4. Véase Jessica GOURDON, "Detrás de escena de los maestros estrella de la ventana de transferencia", L'Express, 4 de mayo de 2011.

5. Louise FESSARD y Jean-Marie L. FORESTRY, "Sciences Po Aix comercializa sus diplomas en el extranjero", Mediapart, 3 de octubre de 2014.

6. sitio web de la Escuela Politécnica,

7. Esta formación acabó desapareciendo en 2014, ante las protestas de la UNEF, que se opone sistemáticamente a la formación remunerada en la universidad.

8. La realidad es mucho más compleja: la tarifa difiere según regiones y empresas; no hay uno sino

tres impuestos, etc. ¡El aprendizaje se ha reformado seis veces desde 2002! Para más información, véase el informe senatorial de François Patriat (2013).

9

¿Cómo financiar sus estudios?

S your islas está muy molesto: sus padres me hicieron caso y solo acceden a financiar su escuela de negocios si se encuentra entre los veinte primeros; de lo contrario, irá a la preparación. Porque pagar una escuela mediocre no es una inversión rentable cuando tienes la opción de tus estudios. Un estudiante se está preparando para unirse a Glion, una escuela de hotelería suiza famosa y cara. "Mis padres pagan la mitad, yo pido un préstamo por el resto", explica. Incluso en François Quesnay, los estudiantes descubren que sus padres no necesariamente financiarán la escuela de sus sueños.

Como hemos visto, la educación cuesta cada vez más. Es probable que esta tendencia aumente. Para la mayoría de los estudiantes, conseguir financiación se convertirá en una actividad importante y complicada: encontrar una empresa para estudiar y trabajar, explorar los diferentes tipos de becas existentes, seleccionar las escuelas que otorgan más ayudas, negociar con su banco. Si tuviéramos que sugerir una nueva especialización para los entrenadores, el asesoramiento en la financiación de la educación superior es, sin duda, un trabajo con futuro.

Continuará la subida de precios

Las tasas de matrícula de las escuelas de negocios se están estabilizando, pero se espera que continúe la tendencia ascendente general. El coste total que representa un estudiante es ligeramente inferior en Francia a la media de los países de la OCDE, grupo que incluye a los países desarrollados, pero también a Turquía o México. Como estos tiran de la media a la baja, lo normal sería que Francia estuviera por encima de la media. Una educación media en educación superior cuesta 60.000 dólares en Francia frente a 90.000 dólares en los países escandinavos, una diferencia enorme que puede explicarse tanto por la menor duración de los estudios en Francia (cuatro años de media, frente a cinco en los países nórdicos) como por menor gasto anual por alumno. Por lo tanto, podemos suponer que el aumento continuará,

Este aumento en el gasto muy bien podría ser absorbido por el presupuesto estatal. Aunque en los últimos años han llamado la atención principalmente los países anglosajones, cuyo sistema de educación superior parece dibujar las líneas generales de un mercado educativo global, no hay que olvidar que en otros países, como Alemania o Suecia, los estudios se realizan generalmente en las universidades, que no compiten entre sí y son casi gratuitos. A juzgar por el desempeño económico de estos países, este sistema ha demostrado su eficacia.

Pero esta organización supondría un fuerte aumento de la financiación pública, improbable en el contexto actual, donde el superior ya se enfrenta a una escasez de medios sin precedentes. Según la OCDE, la parte de las subvenciones públicas, que cayó del 85,3 % en 1995 al 81,9 % en 2010, cae constantemente en Francia. Las rivalidades estatales por las universidades cayeron un 5 % en 2013. 2014 será apenas mejor1.

Cabe decir que la cantidad de becarios se ha disparado: había 2,3 millones de 2013 contra 1,2 millones de 1980. Estos becarios se quedan más tiempo en la educación superior: alrededor de dos años, por ejemplo el doble que a principios de los 80. En total, el 49% de una edad tenía un reconocimiento de educación superior en 2013, frente al 42,5% en 2005, y la meta de un joven de cada dos debería alcanzarse en 2015. De esta forma hubiera sido fundamental una fuerte expansión de los activos mantenerse al día con la escolarización esencialmente gratuita. No ocurrió.

La deficiencia primero influye en los colegios. Una cuarta parte de ellos están al borde de la insolvencia, ya que algunas fundaciones han sido puestas bajo tutela. La circunstancia es mejor en las Grandes Ecoles o en las IUT. En cualquier caso, las adjudicaciones estatales aumentan menos rápidamente que la expansión y sustancialmente menos rápido que los cargos. Los créditos de trabajo permitidos a las escuelas públicas de diseño incluso cayeron un 20 % en 2013-2014. Los hechos realmente confirman que los requisitos monetarios son difíciles de relajar. Final del supervisor de Télécom Paris Tech: "Necesitamos movernos para obtener el efectivo donde lo hay2". El líder de Dauphine es más exacto: "Pronto tendremos que escapar de la educación superior prácticamente gratuita3".

Las escuelas de negocios piden un cambio de estatus. Ahora adscritos a las CCI, aspiran a una mayor autonomía para recaudar fondos. La reforma, prevista para 2013, se pospuso por motivos de ostentación política. La idea es acercar su estatus al de las sociedades anónimas, garantizando al mismo tiempo que la mayoría de su capital permanece en manos de las ICC. Mientras tanto, las tasas de matrícula siguen siendo la palanca principal sobre la que jugar.

Como pagar ?

El miércoles por la mañana, los estudiantes de primer año tienen su primera lección en el gran anfiteatro de Dauphine. Frente a mí, cientos de pequeñas manzanas luminosas: todas tienen una MacBook. Cuando cambio las diapositivas en la pantalla detrás de mí, aparecen cientos de teléfonos inteligentes de alta tecnología y los estudiantes toman fotografías del gráfico o cuadro que acaba de aparecer. Durante una clase de grupo pequeño, un estudiante usa una computadora enorme y antiestética, que contrasta con las máquinas aerodinámicas de aluminio cepillado que son la norma en el establecimiento. Información tomada, proviene de ZEP, tras un acuerdo con Dauphine. Claramente, las instituciones prestigiosas reclutan entre las categorías ricas. Y los otros ?

La proporción de estudiantes cuyas familias pueden financiar los estudios disminuye considerablemente a medida que aumenta su costo y duración. Pero la evolución del gasto no afecta a todas las formaciones ni aún no está integrada por la población. Por lo tanto, las familias son atrapadas con la guardia baja. Conviviendo con la imagen del colegio de Jules Ferry, público y gratuito, no se han dado cuenta del esfuerzo de ahorro que hacen las familias de cara a la educación superior de sus hijos en Asia, por ejemplo. Por lo tanto, no todos los jóvenes tienen los medios económicos para elegir sus estudios. Es bastante obvio al leer los capítulos anteriores, pero sigue siendo un shock.

Los colegios de pago también lo saben, ofreciendo diversas ayudas y haciéndolo saber. "Para que el costo de la educación no sea un obstáculo para sus planes futuros, hay varias soluciones financieras disponibles para usted", escribe la escuela de química ESCOM en su sitio. Cuanto más aumenta el dinero las desigualdades educativas, más se presenta su reducción como un objetivo esencial, contra toda realidad. Así, el administrador provisional del nuevo IEP abierto en 2014 declaró que "el establecimiento en las afueras de la capital [le] permitirá establecer el sector Sciences Po dentro de los territorios a menudo descuidados de Île-de-France [4]". Declaración que no retendría atención si este nuevo IEP no estuviera ubicado en... Saint-Germain-en-Laye, una ciudad en el muy rico departamento de Yvelines, donde el ingreso promedio es de 60.000 euros por hogar.

Al mismo tiempo que aumenta el costo de la educación, atrae a un público más amplio y por lo tanto más popular, para quien la falta de dinero es motivo para abandonar prematuramente los estudios; porque hasta un año de estudios gratis tiene un alto costo, el de renunciar a un salario. Dos economistas también han demostrado que una ayuda anual de 1.500 euros aumentaba entre dos y cinco puntos porcentuales la probabilidad de matricularse o reingresar en la universidad y cinco puntos porcentuales la de obtener un máster. [5]. Por lo tanto, es bueno que la falta de dinero sea un obstáculo para los estudios. Por lo tanto, la cuestión de la financiación es crucial.

Una respuesta al problema es proporcionar a los suplentes un medio de vida. No existe un "pago de suplente" sueco en Francia y la RSA no está disponible para esta clasificación. Las subvenciones, por otra parte, se otorgan en base a estándares amigables. En Francia, están reservados para familias muy humildes: para un hijo solitario, el salario total debe estar por debajo de los 2.200 euros al mes, siendo el premio de 1.000 euros al año en este nivel, que se ocupa de un centímetro, no de una vocación. En 2014, la subvención no podía superar los 5.500 euros anuales, una cantidad equivalente a la de la RSA y muy por debajo de la línea de la indigencia.

La cantidad de becarios en educación avanzada se ha ampliado debido a la formación de "becas de tasa cero" (no se paga en efectivo, pero el beneficiario está exento de los gastos educativos) y porque la educación avanzada está disponible para reducir las clases amigables. . Actualmente supera la tercera parte y las cantidades que paga el Estado se han ampliado a la mitad a partir de 1995. Sea como fuere, sólo un estudiante de cada ocho recibe una dotación superior a los 300 euros al mes.

La modesta cantidad de becas se equilibra un poco con el estipendio de alojamiento, la parte de la cual está libre del estilo de vida, que ruega que se demuestre que está equivocado. Independientemente de las universidades, algunas escuelas, como los IEP y las universidades comerciales consulares, excluyeron a los titulares de becas de todos o parte de los gastos de alistamiento. Actualmente, HEC es gratuito para todos los titulares de subvenciones estatales, mientras que los titulares de subvenciones ESCP están excluidos de una parte de los cargos de inscripción. El agregado comprometido en becas dentro del sistema de patrocinio empresarial es varias veces menos significativo en ESSEC (350.000 euros en 2013) que en HEC (1.750.000 euros), pero la ayuda es posible allí Trabajo-estudio es un medio de financiación adicional. Con la excepción de HEC, entre el 10% y el 30% de los estudiantes de escuelas de negocios están en un programa de estudio y trabajo, como parte de un contrato de aprendizaje o profesionalización, por uno, dos o tres años. Doble ventaja: la matrícula la paga la empresa y el estudiante es remunerado. A cambio, dedica parte de su tiempo a trabajar en una empresa. Menos disponible para sus estudios, le resulta más difícil realizar una pasantía en el extranjero durante su aprendizaje. Las escuelas generalmente cobran más por los estudiantes de trabajo y estudio, sabiendo que son las empresas las que pagan la factura. Del mismo modo, la mayoría de los cursos de formación profesional se pueden seguir en régimen de estudio y trabajo, en particular la preparación para un BTS o un DUT.

.

Toma prestado, pero entonces?

¿Cómo pagar la educación superior de aquellos que, demasiado ricos para beneficiarse de una ayuda suficiente, también son demasiado pobres para financiar una formación costosa? Existe un gran riesgo de expulsar a las clases medias. En Sciences Po Paris, la introducción de tasas de inscripción elevadas, pero fuertemente moduladas en función del nivel de ingresos, ha provocado un aumento de la proporción de becarios, aunque no alcance el umbral del 30 % fijado por el ministerio, y un aumento en la proporción de estudiantes de las categorías más privilegiadas; lo que parece confirmar este temor.

La solución lógica para las clases medias es el endeudamiento. Después de todo, si los diplomas son rentables, representan la expectativa de un ingreso futuro que permitirá pagar. Las Grandes Ecoles a menudo tienen acuerdos con los bancos, que están encantados de reclutar nuevos clientes que son futuros ejecutivos. Uno de mis amigos me contó con orgullo que su hija, una brillante egresada de la École des mines que deseaba completar su formación con un máster en el MIT, había sido muy bien recibida por su banquero. Los préstamos estudiantiles tenían un tope de 25.000 euros, le había concedido dos, al tipo de interés real del 1,6%. Así financia toda su formación. En cuanto a la devolución del préstamo, no sería de extrañar que su primer empleador se hiciera cargo de él. Un joven ejecutivo amigo mío que decidió preparar un MBA para impulsar su carrera decidió elegir la doble titulación London School of

Business/Columbia. La cuota de registro de $120,000 (sí: ciento veinte mil dólares) fue adelantada por su banco sin dificultad.

Sin embargo, para un estudiante cuyos padres pagan solo 500 euros al mes y que debe financiar cinco años de estudio desde el primer año, las cosas son mucho más complicadas. La suma que necesita es alta: por ejemplo, 800 euros al mes durante cinco años son 50.000 euros. Si obtiene un préstamo de esta cantidad, que no es muy obvio, incluso con una tasa del 3%, tendrá que pagar intereses de préstamo altos, porque solo comenzará a pagar al final de sus estudios. Por otro lado, el endeudamiento es un gran riesgo si las perspectivas laborales no están aseguradas o si la formación prevista es muy selectiva y hay que estar preparado para vivir con este riesgo.

Por su parte, el Estado garantiza préstamos a cualquier estudiante que los solicite. Más concretamente, garantiza el 70% del riesgo de impago, pero el préstamo no puede superar los 15.000 euros. Se trata, por tanto, de ayudas complementarias y no de soluciones globales. El Estado justifica su intervención por las dificultades que encuentran los estudiantes, además de los de las Grandes Ecoles, para obtener préstamos de dinero. De hecho, 300.000 alumnos, es decir, uno de cada ocho, han tomado un préstamo bancario. Pero la mitad de los que querían hacerlo se vieron bloqueados por la falta de fianza solidaria, precisa el sitio especializado Financetesetudes.com. El dicho "solo se presta a los ricos" se aplica muy bien aquí.

¿Deberíamos quejarnos? Esto no es seguro, porque si el préstamo se extiende a una formación menos remunerada que las Grandes Ecoles, surgirá la cuestión del riesgo, como en los países anglosajones. En el Reino Unido, que en septiembre de 2012 lanzó una estrategia de altas tasas universitarias (9.000 libras, o 10.700 euros, cada año) como compensación por la admisión a créditos garantizados por el estado para estudiantes, del 35% al 40% de los anticipos pueden no será reembolsado, según indica un informe de la Junta de Fondos Públicos. Hoy, los estudiantes ingleses pagan una parte en dinero real y se aventuran en el rojo por el equilibrio, más de 25 o 30 años en general. La tasa de crédito es algunas veces tan alta como 9%. En 2013, la cantidad de inscripciones en las universidades disminuyó en un 6%, mientras que la cantidad de estudiantes que egresaron de la escuela secundaria se mantuvo bastante estable; el costo de la revisión parece marcar una diferencia disuasoria. En los EE. UU., los préstamos para suplentes abordan la cantidad cósmica de 1,200 mil millones de dólares. Solo los créditos del gobierno influyen en 37 millones de personas. Según lo indicado por el Establecimiento para el Acceso y Aprovechamiento Escolar, el 71% de los exalumnos de 2012 tenían un crédito bancario para reembolsar. En general, su suma fue de $ 33,000 en 2014. Los pagos están cubiertos (anteriormente al 15% del salario, actualmente al 10%), lo que los extiende a largo plazo: muchos de 50 y tantos no han terminado de reembolsar sus préstamos para estudiantes. ¡Sin ayuda familiar, un odontólogo neoyorquino puede empezar su carrera con problemas con una obligación de 400.000 euros! Uno puede imaginar, sobre tal total, a qué se refiere el cobro de intereses... que repercutirá en la factura pagada por los pacientes.

La tasa de incumplimiento de estos anticipos fue del 12% en 2013, pero esta cifra minimiza el problema. A decir verdad, los suplentes están excluidos de la cuota hasta que no sean graduados. En relación con la cantidad de personas que necesitan reembolsar su obligación, de hecho es una cuarta parte de los ex alumnos los que están en mora. Esta circunstancia actual no es difícil de explicar: el 30% de los estudiantes endeudados no se graduaron. Otros están desempleados o han experimentado fortunas inversas más tarde. Como era de esperar, el banco más grande de Estados Unidos, JP Morgan Chase, anunció a las universidades en el otoño de 2013 que ya no otorgaría préstamos para estudiantes.

Obviamente no estamos allí en Francia. Cabe señalar, sin embargo, que el 34% de los estudiantes de fisioterapia tomaron un préstamo para financiar sus estudios en 2013, por ejemplo. La situación es probablemente la misma en otras áreas.

45% estudiantes empleados

El modelo de financiación emergente, por lo tanto, divide a la sociedad en tres: los estudiantes de las clases trabajadoras tienen derecho a becas que les permiten sobrevivir, las clases medias tienen que recurrir al endeudamiento y los estudiantes de entornos privilegiados descansan en su familia. Pero no debemos olvidar que los estudiantes pueden ganar dinero. Encuestas realizadas regularmente por el Observatorio de Vida Estudiantil muestran que la proporción de estudiantes que tienen trabajo remunerado está aumentando y alcanzó el 45% en 2013 [6]. Aún más sorprendente, esta proporción es casi la misma cualquiera que sea el origen social de los estudiantes.

Por supuesto, tienes que tener la posibilidad de trabajar, es decir, el tiempo y las oportunidades. Las locas horas de trabajo de los estudiantes en las clases preparatorias les dejan poco tiempo para hacerlo. Por el contrario, los estudiantes de artes y humanidades, que tienen un tiempo de curso limitado, son los que trabajan con más frecuencia. Las oportunidades dependen del curso seguido y del nivel de estudios. Pero es fundamental distinguir los trabajos relacionados con el estudio de los demás.

En efecto, las prácticas, las situaciones de trabajo y estudio o los trabajos de verano que permiten valorar las competencias adquiridas mejoran indiscutiblemente los resultados de los alumnos y su integración profesional. Articulados con los estudios, les dan un significado concreto y refuerzan la motivación de los estudiantes.

Por el contrario, los trabajos ajenos a los estudios constituyen lo que el Observatorio de Vida de los Alumnos denomina "ocupaciones simultáneas a los estudios". Toman tiempo, energía y agregan muy poco a la preparación. Estos puestos, que suelen ser poco dotados, realmente castigan a los suplentes cuando se practican hasta cierto punto a media jornada. Regularmente, niegan la última opción del control de su horario, ya que es difícil rechazar tiempo adicional, disminuir el tiempo de trabajo cuando se acercan las pruebas y ajustar sus horarios para evaluar ilustraciones. al cambio de semestre. Estas posiciones obviamente reducen el progreso en las pruebas, obligando a tomar decisiones difíciles, que sin duda se pueden leer en el resumen del Observatorio de la vida estudiantil: el 33% de las personas que no trabajan podrían querer hacerlo como tales, pero aceptan que no lo hacen. No tienen la oportunidad y el 20% de las personas que trabajan aceptan que les está impidiendo sus exámenes. Observamos que los becarios trabajan con menos frecuencia que los demás.

Los estudiantes de origen humilde son los que más respuesta tienen en este tipo de negocios, mientras que las actividades de los hijos de jefes están ligadas a sus exámenes, a través del trabajo-concentrado en proyectos, puestos de nivel inicial y puertas abiertas que brindan las grandes empresas para suplentes de escuelas específicas. También debe tenerse en cuenta que las oficinas de suplentes de las Grandes Ecoles ayudan a asegurar puestos adicionales.

Enriquece tu CV

El trabajo de los estudiantes se convierte en una norma. Aquí nuevamente parece prevalecer el modelo anglosajón. Porque no se trata solo de ganar el dinero necesario, sino también de mostrar un cierto estado de ánimo. Las preguntas formuladas durante las entrevistas de contratación, así como en los exámenes competitivos, sugieren que se espera experiencia profesional. El estudiante que trabajaba en la cadena de montaje para pagar sus vacaciones o sus estudios solía ocultarlo, como un episodio indigno de su rango social. Ahora es al revés. Participando en un jurado de competencia que reclutaba ejecutivos de la función pública, noté que los candidatos, graduados de Ciencias Po o abogados elegibles para la ENA, destacaban que habían hecho la cosecha o habían sido vendedores en Decathlon y que el jurado los cuestionaba con interés sobre estos experiencias. Por el contrario, un buen estudiante puede sentirse perturbado por una pregunta como "aparte de tus estudios, ¿qué haces?" ", lo que contrasta con la tradición de las prepas, donde uno entra como en la religión, "haciendo una cruz sobre dos años de su vida", como dicen algunos estudiantes del CPGE. Sienten que la respuesta "toda mi vida la dedico a mis estudios" no es la correcta, tanto que ahora los trabajos de verano también se diseñan como líneas en un CV. al "dar de baja dos años de su vida", como dicen algunos estudiantes del CPGE. Sienten que la respuesta "toda mi vida la dedico a mis estudios" no es la correcta, tanto que ahora los trabajos de verano también se diseñan como líneas en un CV. al "dar de baja dos años de su vida", como dicen algunos estudiantes del CPGE. Sienten que la respuesta "toda mi vida la dedico a mis estudios" no es la correcta, tanto que ahora los trabajos de verano también se diseñan como líneas en un CV.

Paradójicamente, como en el caso de las prácticas, los estudiantes de entornos privilegiados suelen tener las mejores posibilidades de acumular experiencia profesional. Desde que finaliza el primer curso, mis antiguos alumnos realizan prácticas de dos meses en consultoras, fondos de inversión, agencias de publicidad o empresas audiovisuales, es decir, a lo que aspiran todos los alumnos.

Para los estudiantes como para los demás, de hecho, el acceso al empleo se logra primero a través de las relaciones personales. Las prácticas en la filial de Londres o Nueva York de un gran grupo francés suelen ser realizadas por estudiantes cuyos padres trabajan en la empresa o conocen a alguien. trabajando allí. A menudo obtienen asignaciones de prácticas de 1.000 euros a 1.500 euros al mes en lugar del mínimo de 400 euros que es la regla en otros lugares... aunque no necesariamente lo necesitan.

En resumen, las becas no son suficientes para garantizar la autonomía económica de un estudiante. Los préstamos bancarios, aparte de las formaciones más rentables, son de una cantidad limitada y peligrosa. Los trabajos de los estudiantes no son tan fáciles de encontrar y afectan el éxito del examen. Por lo tanto, las familias siguen estando en primera línea para financiar la educación superior. ¿Se lo pueden permitir? El aumento en el número de becas y préstamos bancarios sugiere que este no es el caso. Por lo tanto, se exacerbará la contradicción entre las necesidades crecientes de educación superior y los medios estancados de las familias. Sobre todo porque son los mismos los que salen ganando en casi todos los aspectos: las familias ricas pueden actuar fácilmente como garantía bancaria de los préstamos de sus hijos y la presencia de una cuenta bien surtida en la misma sucursal prácticamente obliga al banquero a conceder un préstamo estudiantil. por miedo a perder un buen cliente. Las familias más favorecidas son también las que encuentran los mejores trabajos y las mejores prácticas para sus hijos, gracias a sus relaciones.

Por lo tanto, es probable que se amplíe la brecha entre dos mundos. Por un lado, las escuelas de formación profesional, desde la informática hasta la paramédica pasando por las principales escuelas de negocios o de ingeniería, cuentan con importantes recursos materiales debido a las altas aportaciones de los estudiantes. A este precio, les cuesta un poco reclutar, pero se apoyan primero en las familias acomodadas y ofrecen soluciones de financiación efectivas para los demás, de las clases medias: pueden eximir a algunos becarios de los gastos de matrícula. registro basado en patrocinio, hacer convenios con bancos para que los estudiantes obtengan préstamos a bajo interés y proporcionar los medios para ganar dinero, gracias a programas de estudio y trabajo, pasantías y trabajos relacionados con las habilidades de los estudiantes,

Por otro lado, los cursos generales, empezando por los de las universidades, ofrecen una calidad de servicio más baja por falta de recursos, pero difícilmente pueden aumentar las tasas de matrícula por razones políticas, o requieren mucho trabajo de los estudiantes que también son asalariados. ya que les resulta muy difícil pedir prestado.

1. Por el contrario, los países del Norte como Dinamarca, Finlandia y Suecia, que ya son, en proporción, los que más invierten en su educación superior, han aumentado su presupuesto a pesar de la crisis.

2. Lucía DELAPORTE, "Tasas de matrícula en la educación superior: se lanza la ofensiva",

Mediapart, 18 de marzo de 2014.

3. Lawrence B.ATSCH, París-Dauphine. Cuando la universidad se convierte en escuela. Entrevistas *con Denis Jambar*, PUF, París, 2014.

4. Veronique SWHERE THE, "Sciences-Po: the rise in fresh scares", Liberation, 7 de julio de 2014.

5. Gabrielle FACK y Julien G.RENET, "Mejorar el acceso a la universidad y el éxito de los estudiantes de bajos ingresos: evidencia de un gran programa de subvenciones basado en la necesidad", Documento de trabajo de PSE, no. Oh 2013-33, 2013.

6. OBSERVATORIO DE VIDA DE LOS ESTUDIANTES, Actividad pagada, encuesta sobre las condiciones de vida de los estudiantes 2013, www.ove-national.education.fr.

Conclusión

U palabra no personal, en primer lugar. Habiendo llegado a esta etapa, indignado por las ventajas que el dinero trae en la competencia escolar y por el destino de las familias que tienen poco de él, el lector puede preguntarse con razón cómo puedo, en conciencia, enseñar en la escuela secundaria con el público más privilegiado. -Composición profesional en la región de París. ¿Cómo puedo apoyar a estos estudiantes adinerados, entrenados, tutelados, que planean sin estremecerse entrar en una escuela de hostelería suiza o en una escuela de veterinaria española por varias decenas de miles de euros al año? La respuesta es muy simple: generalmente son grandes estudiantes.

Quieren tener éxito, lo cual no es suficientemente malo, pero muchos también tienen una verdadera curiosidad intelectual y cierta cultura. Son amables, conscientes y agradecidos por los esfuerzos que hacemos para ayudarlos. Lo que motiva a un maestro es que se le necesita. Uno podría imaginar que esta necesidad es más marcada en barrios difíciles. Pero se expresa con gran dificultad, a causa de diversas barreras o inhibiciones. Por el contrario, en el Lycée Quesnay, los alumnos, sobre todo los mejores, no dudan en preguntar a los profesores. También es cierto que la presión que pesa sobre ellos es significativa.

Y luego, junto al dinero, está la cultura. Ciertas familias burguesas, en efecto, transmiten a sus hijos, además del dinero, sólidos valores. Todavía quedan algunos "herederos", para usar la expresión de Bourdieu y Passeron [1], que han heredado el amor por la escuela, el interés por la información y cualidades humanistas frecuentemente ligadas a una práctica estricta. Para familiarizar a mis estudiantes de último año con la idea de la segregación positiva, a menudo tomo como ejemplo los beneficios otorgados a los estudiantes que se concentran en una ZEP para ingresar a Sciences Po. Es correcto ? Este año, una suplente puso a prueba a sus compañeros que se estaban preparando para Ciencias Po y que, obviamente, no se beneficiaron de estos beneficios: "No te parece descabellado, que puedan coordinarse sin hacer el examen serio, esencialmente a la luz del hecho de que están en una ZEP?» Reacción de una espléndida suplente que recientemente ha descubierto que bombardeó la oposición de sección: "Nunca compensará los beneficios que nos da nuestro comienzo social. "Es esencialmente tan encantador como Mats Wilander revisando un problema de arbitraje para apoyarse a sí mismo en el punto de partido.

Es extremadamente claro, también. Los jóvenes están en el lugar que les atribuye su origen social, en un sistema educativo que nunca ha sido bueno, pero que está dando un giro decisivo y arriesgado de manera clandestina. Este marco ya no es la administración de capacitación financiada por el estado en la que estudié y en la que he trabajado desde ese momento en adelante. Es cualquier cosa menos una cuestión de sacudir al incomparable Satán de la mercantilización de la escuela, trasladada a las multinacionales de la instrucción. El centro del sistema escolar de Francia sigue siendo público y gratuito. Sin embargo, recientemente ha estallado una propuesta confidencial diferente y poderosa, ante el desmoronamiento de la ayuda pública desfavorecida y un interés social excepcionalmente impresionante, impulsado por el anhelo frenético de los tutores por llevar a sus hijos al ascensor. ayuda del gobierno o, en todo caso, para evitar que se queden sin empleo.

escuela de la sombra

La expansión de estas nuevas ofertas hace un sistema. Las islas de la escuela privada estructuran un archipiélago con implicaciones ilimitadas, un sistema educativo en la sombra por así decirlo. Al igual que las finanzas en la sombra, la escuela en la sombra es una peculiaridad monstruosa a nivel mundial, que se ha desarrollado rápidamente ante nuestros ojos sin que nos demos cuenta. Al igual que las finanzas en la sombra, se aleja de la pauta de los especialistas. Al igual que ella, esta escuela en la sombra es realmente beneficiosa y la forma de hacerlo es en efectivo.

Este nuevo arreglo genera nuevas disparidades. A partir de aquí, por tiempo indefinido, la charla sobre los desequilibrios didácticos, excepcionalmente destacada por Pierre Bourdieu, subrayó la labor de la cultura familiar, bastante cercana a la de la escuela, sobre el grado variable de información sobre un oscurecido sistema educativo para tutores, algunos de los cuales se han convertido en verdaderos expertos en la administración de las "profesiones escolares" de sus jóvenes. A estas variables presentes de manera constante se suma actualmente el componente monetario. Generalmente desestimada por la elaboración de los sociólogos, la variable monetaria ni siquiera es referenciada por el programa Aspectos financieros y sociologías de la escuela secundaria en la sección dedicada a la portabilidad social y la escuela.

La elección de efectivo influye en las nuevas

reuniones. De hecho, los trabajadores regulares experimentan los efectos nocivos de los nuevos principios del juego tanto como de los antiguos, sin embargo, las clases trabajadoras informadas también se ven afectadas actualmente. Si bien su comprensión del marco y su capacidad para ayudar a sus hijos les permitió una oportunidad decente de utilizarlo para su beneficio potencial, actualmente se ven obligados a superar los intereses principales en la escuela con el deseo de asegurar el futuro de sus hijos. niños _ Apostando por la escuela, descubren la vertiginosa subida de su coste, que ha trasladado la competencia escolar a un terreno que no es el suyo.

Como llegamos alla ?

En realidad, es el caso de que la escuela no puede salir de su circunstancia actual, donde comenzó el desliz. El desempleo, en primer lugar, duele enormemente a los tutores y, en ocasiones, a los niños. El certificado es visto como el punto de entrada obligatorio hacia el negocio; las familias están preparadas para dar entrada con éxito a sus hijos. La disidencia social luego se expandió.

Los arreglos instructivos también asumen su parte. La escuela prácticamente única finalmente llegó, luego el lanzamiento de las escuelas secundarias y la expansión en el número de graduados crearon las condiciones para una mayor competencia en todos los niveles del sistema educativo. Antes no había un solo sistema educativo, como nos gusta pensar, sino unos marcos iguales, previstos para varias clasificaciones sociales. Las oportunidades para que un par de sujetos espléndidos de los trabajadores comunes se unieran a los cursos de punta realizados para la descendencia de la burguesía, llamados elitismo conservador, disfrazaron idealmente esta realidad.

Con la escuela de masas, abierta a casi todo el mundo, la disidencia escolar ha disminuido. Sin embargo, los tutores de fundaciones especiales o de clase trabajadora no están preparados para reconocerlo. Lo reconstituyen directamente al hacer que las clases de instrucción sean viables, cuyo costo significativo evita a la mayoría de los estudiantes. El disenso social también se reconstituye de forma indirecta a través del orden jerárquico de los barrios y las fundaciones y la ayuda que se aprende a conseguir, lo que provoca un ascenso en el nivel de buenos componentes. Para tener éxito, a partir de ahora es insuficiente expresarse correctamente y aprender bien sus lecciones. En las escuelas de élite, la proporción de estudiantes que sobresalen en todas las disciplinas, bilingües,

En este contexto, cada beneficio que se pueda movilizar cuenta: calidad de la escuela, entrenamiento, apoyo académico. La masificación escolar también ha multiplicado los efectos en la carrera de pequeñas diferencias en el nivel de los diplomas, que incentivan la inversión de una manera a veces loca –sucede por ejemplo que un alumno aceptado en ESCP Europe repite para tener HEC, por ejemplo. Una minoría dispone de importantes medios económicos y pone este recurso al servicio del éxito de su descendencia. Esta disposición a pagar es comprensible: ¿cómo puede negarle a su hijo que se inscriba en la escuela de su elección o en lecciones adicionales que lo ayudarán a tener éxito? Junto con la salud, la educación es el área en la que las familias estiran sus posibilidades económicas. Esta demanda crea una oferta adaptada a las posibilidades de cada uno, que por tanto puede llegar hasta servicios de muy buen nivel.

Finalmente, el dinero público se está volviendo escaso. El presupuesto de Educación Nacional no se mantiene al día con los cambios en la demografía y los costos. La calidad de la educación que se ofrece se está deteriorando y la contratación de docentes calificados se está volviendo difícil. Tantas lagunas que alimentan al sector privado. Y se produce el milagro de la economía de mercado: inmediatamente surge la oferta para satisfacer la demanda

¿Fatalitas?

Al generalizar un poco, se puede ver la situación como sigue: en el ajuste entre abierto y privado que caracteriza a las economías mixtas como la francesa, la balanza se ha inclinado durante un cuarto de siglo a favor de esta última. El componente de trabajo en la instrucción se encuentra dentro del campo del bienestar o de la administración de beneficios. Cada vez, la disminución de la especulación abierta, escogida bajo el título de ajuste presupuestario y competitividad, conduce a la corrupción del beneficio otorgado, de esta manera a la creación de una oferta privada, a raíz de una separación por dinero: la privada. es para los que pueden pagar, el público, para los demás. Para hacer que este marco de dos niveles sea políticamente tolerable, se mantienen cursos gratuitos de grandeza y las subvenciones capacitan a un par de estudiantes de fundaciones modestas para alcanzar las estaturas; pero estas exenciones que afirman el run the show sirven como una excusa plausible. El punto de vista es o quizás desalentador. ¿Podemos eludirlo? En el actual clima de parón, la sumisión a lo inevitable abruma. paga la educación para mantener su calidad? La educación gratuita está consagrada por ley en Suecia y las escuelas tienen los medios para operar. ¿Segregación espacial? El procedimiento Affelnet le hizo dar un paso atrás en París en el público; en cuanto al sector privado, muy bien podría integrarse en el mapa escolar. En Reino Unido o en España, las políticas de cuotas rompieron la tendencia. ¿ Los preparativos pagados hechos esenciales por la competencia? Están surgiendo iniciativas para tratar de encontrar soluciones, como SOSciencespo: los estudiantes de Sciences Po ayudan a los candidatos a escribir su carta de presentación, les dan exámenes orales simulados, responden sus preguntas.

Por lo tanto, la continuación de las tendencias actuales no es inevitable. El desarrollo de nuestro sistema escolar podría asentarse sobre bases diferentes, más justas y más eficaces. Porque la lucha contra el fracaso escolar de los más desfavorecidos es hoy el camino más seguro para mejorar el desempeño de nuestro sistema escolar y fortalecer la cohesión social.

Es una elección social.

GRACIAS

EL FIN

www.ingramcontent.com/pod-product-compliance
Lightning Source LLC
Chambersburg PA
CBHW050331220526
45465CB00018B/903